JN441434

복음의 사람들

1

가정과 교회에서 이야기와 후속활동으로 배우는 4복음서

총25주로 구성된 어린이를 위한 예수님 생애와 말씀 성경공부

어린이 성경공부(복음편)

복음의 사람들

1

예수님의 생애

글 · 허외숙

그림 · 정현수

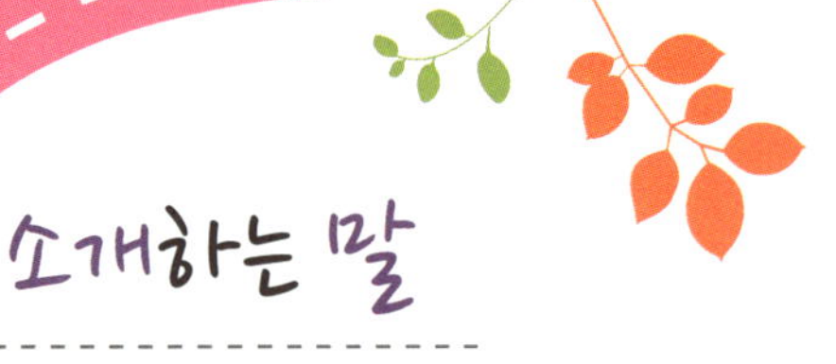

소개하는 말

이 책은 신약성경 4복음서(마태복음, 마가복음, 누가복음, 요한복음)에서 증거하는 예수님의 생애와 말씀을 성경 이야기와 후속 활동으로 배우는 교재입니다.

성경 66권 모든 말씀은 예수 그리스도를 증거하는 약속과 성취의 말씀이지만, 특히 4복음서는 성육신하신 하나님의 아들 예수님과 함께 한 사도들의 증언이 살아있는 성경입니다.

1권은 마가복음을 중심으로 예수님의 공생애 사역과 마지막 한 주간의 구원사역, 그리고 예수님을 만나 구원받은 사람들을 배울 수 있게 하였고, 2권은 요한복음의 에고 에이미(나는… 이다) 말씀과 마태복음의 산상보훈 말씀, 그리고 마태, 누가복음에 나오는 하나님 나라 비유의 말씀들을 배울 수 있게 하였습니다.

이 교재의 특징은 저자의 오랜 경험을 바탕으로 성경 말씀을 단순한 문장이지만 투명하고도 이해하기 쉽게 잘 다듬어 어린이나 신앙의 초보자나 신앙의 연륜이 깊은 사람들까지 다 함께 성경을 배울 수 있다는 데 있습니다. 누구든지 하나님 말씀을 알고 싶은 사람들은 이 책이 안내하는 순서대로 따라가면 자신도 모르게 어느새 성경 말씀의 재미에 흠뻑 빠져들게 됩니다.

이 책은 교회교육 현장에서뿐만 아니라, 가정에서 부모와 아이들이 함께 예배드릴 때 교재로 사용하기에도 훌륭한 교재입니다. 성경 말씀을 읽고 더 깊이 오늘의 삶에 적용하여 생각해 보도록 인도합니다. 되새김 문제를 풀면서 마음에 새기도록 돕고, 말씀을 토대로 후속 활동으로 연결하여 자연스럽게 온 몸과 마음으로 말씀에 잠길 수 있도록 만든 교재입니다.

저자는 40년이 넘는 오랜 세월 동안 다음 세대들을 위한 말씀 양육에 헌신하면서 가장 기본적이고 체계적인 3년 커리큘럼을 정리하고 이 책을 완성하게 되었습니다. 저자는 지금까지도 섬기는 교회에서 매주일마다 아이들에게 성경 말씀과 믿음의 유산이 생명이 되어 아이들의 영혼에 흘러가도록 온 힘을 쏟고 있습니다.

인물편 〈하나님의 사람들〉1,2권은 창세기부터 요한계시록까지 하나님이 들어 쓰신 50명의 성경 인물을 통해 신구약 성경 전체의 역사와 신앙의 삶을 배우는 교재입니다.

교리편 〈믿음의 사람들〉1,2권은 사도신경으로 기독교의 기본 교리를 배우고, 주기도문으로 기도와 영성을 배우며, 십계명과 성령의 열매로 기독교 윤리와 성품을 배우는 교재입니다.

복음편 〈복음의 사람들〉1,2권은 4복음서에 나타난 예수님의 사역과 말씀을 통해 우리가 살아가야 할 하나님의 나라와 따라가야 할 제자의 삶을 배우는 교재입니다.

위인편 〈복음의 빛이 된 사람들〉은 세계 교회와 한국 교회 역사를 통해 하나님의 사람으로 쓰임 받은 26명의 인물을 통해 은사를 따라 땅 끝까지 복음을 전하는 선교적 삶을 배우는 교재입니다.

교사와 부모님들을 위한

설교자와 선생님 준비

1. 성경본문을 충분히 읽습니다.
2. 성경이야기를 더 생생하게 해줄 그림 자료나 영상을 찾아봅니다.
3. '생각해 봐요'를 설교 메시지에 참고하세요.

예배 시간에

1. 함께 '외울 말씀'을 두세 번 반복하여 읽습니다.
2. 성경이야기를 그림 자료나 참고할 예화, 성경이야기 등의 영상을 사용하여 재미있게 전해줍니다.

예배 후 활동시간에

1. '말씀을 새겨요' 퀴즈는 교회 형편이나 아이들의 수준에 따라 변화시켜서 예배 후 퀴즈시간 또는 분반활동 시간에 활용합니다.
2. 마지막 질문은 분반시간에 충분히 대화를 나눌 수 있으면 좋습니다.
3. '함께해 봐요' 활동은 내용에 따라 전체 활동이나 분반 활동으로 진행합니다.

학부모의 준비

1. 성경본문을 충분히 읽습니다.
2. 성경이야기를 더 생생하게 해줄 그림 자료나 영상을 찾아봅니다.

가정예배 시간에

1. 기도와 찬양을 미리 준비해서 드립니다.
2. 함께 '외울 말씀'을 두세 번 반복하여 읽습니다.
3. 성경이야기를 어린이와 함께 읽어봅니다.
4. 성경이야기를 그림 자료나 참고할 예화, 성경이야기 등의 영상을 준비했으면 보여줍니다.
5. '생각해 봐요' 부분을 나눕니다.
6. '말씀을 새겨요' 퀴즈를 함께 풀어보고, 마지막 질문은 실제 생활 이야기와 함께 충분히 대화를 나눌 수 있으면 좋습니다.
7. '함께해 봐요' 활동을 준비해서 가족이 함께 하면 더 행복한 가정예배 시간이 될 것입니다.

차례

★ 예수님이 십자가를 지셨어요(사순절, 부활절)

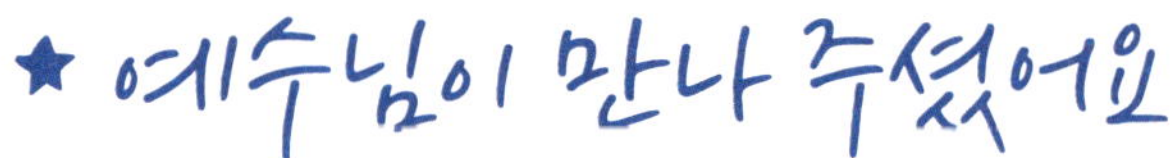

4복음서 개관

마태복음 (28장)					
저자	마태	저작시기	AD 60-70년경	주요독자	유대인
특징	1. 예수님은 약속된 메시야, 왕으로 오신 메시야이다 2. 주제별 설교와 사역을 조직적으로 정리하였다 3. 구약 인용이 많으며, 하나님 나라 복음을 권위있게 가르치는 예수님을 강조한다 4. 교회와 함께 하시는 예수님을 강조한다 5. 초대교회에서 가장 많이 읽혀진 복음서이다				

마가복음 (16장)					
저자	마가	저작시기	AD 60년초	주요독자	로마인
특징	1. 예수님은 죄인을 구원하기 위해 섬기는 종으로 오셨다 2. 최초의 복음서이다 3. 생생하고 간결하게 예수님의 공생애 사역을 증언한다 4. 예수님의 마지막 고난과 죽으심을 강조한다				

누가복음 (24장)					
저자	누가	저작시기	AD 60-70년경	주요독자	헬라인
특징	1. 예수님은 예언을 성취하기 위해 인간의 아들로 오셨다 2. 예수님의 사역을 시간과 공간의 차례대로 기록하였다 3. 가장 긴 내용, 잘 구성된 이야기체로 기록되었다 4. 소외된 사람들, 이방인의 구원에 관심을 가진다 5. 기도, 성령, 찬양을 강조한다				

요한복음 (21장)					
저자	요한	저작시기	AD 80-90년경	주요독자	모든 세상
특징	1. 예수님은 세상에 오신 하나님의 아들이시다 2. 마태, 마가, 누가와 구별되는 제4의 복음서이다 3. 비유 말씀이 없고, 7가지 기적과 긴 설교 말씀, 나는..이다라는 선포로 예수님의 하나님 되심을 증거한다 4. 예수님의 유대, 예루살렘에서의 사역을 중심으로 한다 5. 분명한 믿음의 고백과 형제 사랑을 강조한다				

예수님 시대의 이스라엘

● 복음서의 지리적 배경

가나 : 혼인잔치

가버나움 : 제자, 회당, 병고침과 가르침

가이사랴 빌립보 : 베드로고백

감람산 : 겟세마네기도, 승천

갈릴리바다 : 주요 사역지

거라사(가다라) : 군대귀신

나인 : 청년부활

나사렛 : 어린시절

디베랴 : 부활후 제자들

베다니 : 나사로부활, 향유

베들레헴 : 탄생

벳바게 : 어린나귀

벳새다 : 오병이어

수가 : 사마리아여인

엠마오 : 부활후 두제자

여리고 : 삭개오, 바디매오

예루살렘 : 성전, 유월절, 베데스다연못, 빌라도, 골고다 십자가

요단강 : 요한세례

● 복음서의 시대적 배경

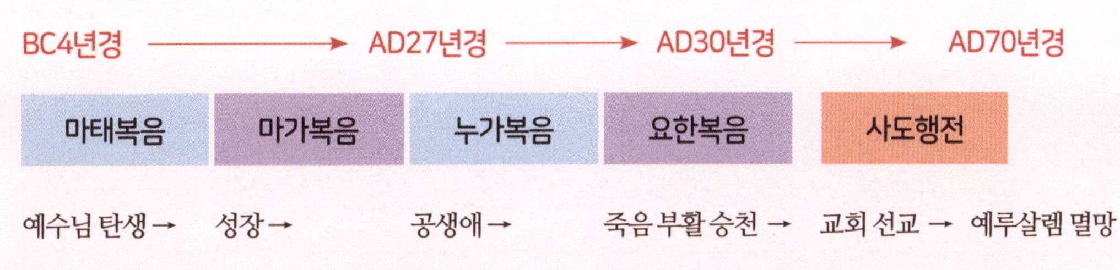

베들레헴에서 태어난 예수님

누가복음 2:1–39, 마태복음 2:1–12

마리아가 아기 예수님을 낳았어요

작은 유대 마을 베들레헴이 낯선 사람들로 북적거렸어요. 로마 황제의 명을 따라 호적을 정리하려고 고향을 찾아온 사람들이었어요.
갈릴리 북쪽 나사렛에서 살던 요셉도 다윗의 후손이었기에 약혼녀 마리아와 함께 베들레헴으로 왔어요.

"여보세요, 혹시 빈 방 있습니까?
제 아내가 해산할 때가 다 되어서…"

마리아는 무척 힘들었어요. 그런데 여관에서 방을 구할 수가 없었어요.

다행히 한 여관에서 가축을 키우는 마구간에 머물도록 해주었어요.

이날 밤, 마리아는 예쁜 아기를 낳아 구유에 뉘었어요.

"마리아, 우리를 찾아온 가브리엘 천사의 말씀대로
하나님이 보내신 이 아기의 이름을 '예수'라고 부릅시다."

아기 예수님이 경배와 찬양을 받으셨어요

베들레헴 들판에서 밤새 양을 치던 목자들에게
천사가 나타났어요.

"무서워하지 말아라.
너희에게 큰 기쁨의 좋은 소식을 전하겠다.
오늘 다윗의 동네에 너희를 위하여
그리스도 구주가 나셨다."

천군 천사들이 나타나 밤하늘을 빛내며 아름다운
찬양을 불렀어요.

"지극히 높은 곳에서는
하나님께 영광이요, 땅에서는 하나님이
기뻐하신 사람들 중에 평화로다."

목자들은 곧바로 베들레헴 동네로 달려가
아기 예수를 만났어요.
목자들은 듣고 본 모든 것에 감사하며,
하나님께 찬송을 드렸어요.

⊙생각해 봐요!

"때가 차서" 오랜 기다림 끝에 하나님의 아들 예수님이 이 땅에 인간으로 오셨어요. 예수님의 탄생은 우리를 구원하시는 가장 큰 하나님의 선물이었어요.
요셉과 마리아는 하나님의 성령으로 잉태한 아기 예수를 믿음과 순종함으로 낳아 양육했어요. 낮은 자리에서도 성실하게 일하던 목자들, 특별한 지혜의 깨달음을 따라 예물을 준비한 박사들, 성령의 약속을 믿고 기다린 시므온과 안나가 아기 예수님의 탄생을 축하했어요.

우리도 아기 예수님의 오심을 날마다 기뻐하고 감사하며 경배해요.

동방의 박사들이 세상의 큰 왕이 태어난 것을 알리는 별을 보았어요.

박사들은 별을 따라 헤롯 왕궁을 거쳐, 베들레헴으로 찾아왔어요.

"유대인의 왕으로 나신 이의 별을 보고,
그 분께 경배하러 왔습니다."

박사들은 아기 예수님께 황금과 유향과 몰약을 예물로 드렸어요.
온 세상의 왕으로 오신 예수님, 구세주이신 예수님께 어울리는 귀한 예물이었어요.

요셉과 마리아는 아기 예수의 정결예식을 하기 위해
비둘기를 준비하여 예루살렘 성전에 올라갔어요.
성전에서 만난 시므온 할아버지가 아기 예수를 안고 말했어요.

"성령님의 약속대로 제가 죽기 전에 그리스도를 만나게 되는군요. 이 아기는 온 세상의 빛이십니다!"

성전에서 만난 안나 할머니도 아기 예수를 안고 말했어요.

"하나님 감사합니다.
이 아기는 우리를 죄에서 구원하실 분이십니다."

"아들을 낳으리니 이름을 예수라 하라.
이는 그가 자기 백성을
그들의 죄에서 구원할 자이심이라 하니라."
(마태복음 1:21)

1) 마리아와 요셉이 아기 예수를 낳은 곳은 어디인가요?

2) 가장 먼저 아기 예수 탄생의 소식을 듣고 찾아가 경배한 사람은 누구인가요?

3) 동방의 박사들이 아기 예수를 찾아와 드린 선물은 무엇인가요?

4) 정결예식을 하러 성전에 간 아기 예수를 만나 기뻐하고 축복한 사람은 누구인가요?

5) 오늘 나에게 아기 예수의 탄생은 어떤 기쁨을 주고 있나요?

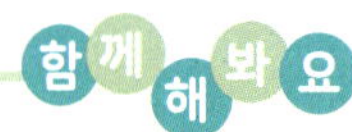

성탄 미니 리스 만들기

- 지름 15cm 정도의 동그라미 모양 카드를 준비하세요.
- 카드에 간단한 성탄 메시지를 적어요.
- 가느다란 트리 가지를 동그랗게 엮어요.
- 글루건을 이용하여 리본, 큐빅 등으로 장식하세요.

나사렛에서 자란 예수님

누가복음 2:39–52

예수님은 사랑받는 아이로 자랐어요

"동방 박사들이 내 명령을 어기고 그대로 떠나버렸다고?
하는 수 없지. 왕으로 태어난 아기가 누구인지 알 수 없으니
2살 아래의 아기들을 다 죽이는 수밖에."
화가 난 헤롯왕은 베들레헴으로 군인들을 보내었어요.

하나님의 천사가 요셉과 마리아, 아기 예수를 애굽으로 피신시켰어요.

몇 년 후, 애굽에서 돌아온 요셉과 마리아는 나사렛으로 돌아갔어요. 나사렛은 요셉과 마리아가 살던 마을이었지요.

어린 예수님은 날마다 키와 지혜가 자라났어요. 마을 목수였던 아버지 요셉의 일을 도우며 기술을 배웠어요. 어머니 마리아를 도와 동생들도 잘 돌보았어요. 안식일이면 회당에서 구약의 말씀을 공부했어요. 어린 예수님은 하나님과 사람들의 사랑과 칭찬을 받으며 자랐어요.

예수님은 열 두 살에 성전에 가셨어요

"예수가 12살이 되었구나. 이번 유월절에는 함께 예루살렘 성전에 올라가자꾸나."

성전에는 유월절을 지키기 위해 모여든 많은 사람들로 북적거렸어요. 명절 의식을 마치고 예루살렘을 떠난 요셉과 마리아는 하룻길을 간 후에야, 아이 예수가 동행중에 없다는 것을 알게 되었어요. 요셉과 마리아는 오던 길을 되돌아가며 예수님을 찾기 시작했어요. 사흘 동안이나 예수님을 찾다가 성전으로 돌아갔어요.

> ◉생각해 봐요!
>
> 예수님은 30살부터 공개적으로 하나님 나라의 일을 시작하셨어요. 그 이전에는 나사렛에서 평범한 유대 소년으로, 청년으로 자랐어요. 하나님을 기쁘시게 하고, 부모님과 이웃을 기쁘게 하는 사람의 본을 보여주었어요.
>
> 어린 예수님은 지혜와 키가 무럭무럭 자라났어요. 하나님의 말씀을 좋아했어요. 모두에게 사랑받는 아이로 자라났어요.
>
> 우리도 하나님 사랑 안에서 예수님처럼 자라는 어린이가 되어요!

예수님은 성전에서 율법 학자들과 말씀을 나누고 있었어요. 율법 학자들은 어린 예수님의 슬기로운 질문과 대답에 감탄했어요.

"어린 아이가 정말 놀랍군!
말씀에 대한 지식과 이해가 보통이 아니야!"

마리아가 예수님을 찾아서 말했어요.
"얘야, 너 왜 여기 있었니? 너를 찾느라 얼마나 걱정했는지 아니?"
예수님은 아직 어렸지만, 하나님의 아들인 자신을 이렇게 나타내셨어요.
"어머니, 왜 저를 다른 곳에서 찾으셨어요?
제가 아버지의 집에 있어야 하는 것을 모르셨어요?"

예수님은 나사렛에서 어린 시절과 청년 시절을 보내었어요.
그래서 후에 예수님은 '나사렛 사람'이라고 불리었어요.

"예수는 지혜와 키가 자라가며,
하나님과 사람에게 더욱 사랑스러워 가시더라."
(누가복음 2:52)

1) 예수님이 어린 시절 살았던 마을은 어디인가요?

2) 예수님의 아버지 요셉의 직업은 무엇이었나요?

3) 요셉과 마리아는 어떤 명절을 지키기 위해 어린 예수님과 함께 예루살렘 성전에 올라갔나요?

4) 나는 기쁨으로 예배를 드리고, 즐겁게 말씀 배우기를 하고 있나요?

어린 시절 이야기 나누기

- 어린 시절 추억이 담겨 있는 사진을 한 장씩 준비하세요.
- 사진에 담겨 있는 이야기 또는 그 나이 때의 기억나는 이야기를 나누어요.
- 그때와 지금의 나를 비교해서 달라진 것은 무엇인가를 나누어요.
- 지금까지 자라게 하신 하나님께 감사기도를 드려요.

세례를 받으신 예수님

마가복음 1:1-11

요한이 회개의 세례를 전파했어요

제사장 사가랴와 엘리사벳의 아들 요한은
예수님보다 6개월쯤 먼저 태어났어요.
예수님처럼 가브리엘 천사가 요한의 탄생을 알려주었지요.

어른이 된 요한은 유대 광야에서 메뚜기와 꿀을 먹으며 살았어요.
낙타털 옷을 입고, 가죽 띠를 둘렀어요.

요한은 요단강 근처에서 모여든 사람들에게 외쳤어요.

"회개하라! 천국이 가까이 왔다!
이제 곧 성령과 불로 세례를 주실 구세주가 오십니다."

요한은 회개하는 사람들에게 죄 씻음을 받는 의미로
요단강에서 세례를 주었어요.
그래서 사가랴의 아들 요한은 '세례 요한'이라고 불리었어요.

요한은 선지자 이사야의 예언을 따라 '광야에서
외치는 소리'가 되었어요. 예수님이 오셔서 이루실
하나님의 나라를 준비했어요.

예수님이 요한에게 세례를 받았어요

나사렛에서 자라 목수로 일하던 예수님은
30살 청년이 되었어요. 이제 예수님은 하나님 나라
복음 전파를 시작할 때가 되었어요.
예수님이 요단강으로 세례 요한을 찾아왔어요.

요한은 바로 예수님을 알아보고 말했어요.

"보아라, 저 분이 세상 죄를 지고 가는
하나님의 어린 양이다."

예수님은 요한에게 세례를 달라고 부탁하셨어요.
요한이 놀라서 예수님께 말했어요.
"제가 예수님께 세례를 받아야 하는데,
예수님께서 제게 세례를 받으시다니요?"

⊙생각해 봐요!

바울 사도는 우리가 세례를 받음으로 예수님과 함께 죄에 대하여 죽고, 예수님과 함께 부활하게 된다고 가르쳐 주셨어요.
(롬6:3-5)

예수님은 우리처럼 죄를 회개하는 세례를 받으실 필요가 없으셨지만, 하나님나라의 일을 본격적으로 시작하기 전에 세례를 받으셨어요. 그리고 예수님이 하나님의 아들이신 것을, 성령님이 예수님과 함께 하시는 것을 보여주셨어요.

우리 어린이 중에는 부모님의 믿음으로 이미 유아세례를 받은 친구도 있고, 이제 나의 믿음으로 세례를 받을 친구도 있어요. 모두 하나님의 자녀가 된 큰 축복의 예식이랍니다.

"내가 세례를 받는 것이 하나님의 의를 이루는 것이다."

예수님은 요단강에 들어가 요한의 세례를 받으셨어요.

예수님이 강물에 담갔던 몸을 일으켰을 때에 하늘이 환하게 열렸어요.

하나님의 성령이 비둘기같이 예수님 머리 위로 내려왔어요.

하늘에서 하나님의 음성이 들려왔어요.

"너는 내 사랑하는 아들이요, 내 기뻐하는 자이다."

"하늘로서 소리가 있어 말씀하시되,
이는 내 사랑하는 아들이요 내 기뻐하는 자라
하시니라."
(마태복음 3:17)

1) 예수님이 하나님 나라의 일을 시작하시기 전에 제일 먼저 하신 일은 무엇인가요?

2) 예수님이 세례를 받을 때 성령이 어떤 모양으로 내려왔나요?

3) 예수님이 세례를 받을 때 하늘에서 어떤 말씀이 들렸나요?

4) 오늘날 우리가 다니는 교회의 유아세례와 세례에 대해 배워보세요.

성령 비둘기 만들기

- 색지를 반으로 접어 비둘기의 모양의 반쪽을 그려요.
- 가위로 오려내고, 입 부분을 잘라서 입체가 되도록 접어요.
- 종이를 펴서 나머지 반쪽도 그리고, 눈을 그려 넣어요.
- 말씀을 적고, 비둘기를 움직이며 나를 축복하고 친구를 축복해 보세요.

4주 시험을 이기신 예수님

마태복음 4:1–11

예수님도 시험을 받았어요

예수님은 세례를 받으신 후 광야에서 금식기도로
하나님의 일을 준비하셨어요.
40일이 지난 후 사탄이 나타나 예수님을 시험했어요.
"배고프지? 네가 하나님의 아들이라면 이 돌들을 떡으로 만들어 봐."
물론 예수님은 할 수 있는 일이었지만, 단호히 물리쳤어요.

"하나님이 말씀하시기를, 사람이 떡으로만 살 것이 아니라
하나님의 말씀으로 살 것이라 하셨다."

사탄은 예수님을 성전 꼭대기로 이끌어 가서 시험했어요.
"네가 만일 하나님의 아들이라면 여기서 뛰어내려 봐.
하나님이 천사를 보내어 너를 지켜 주겠지?"

예수님은 이번에도 말씀으로 그 시험을 이겼어요.
"말씀에 이르기를, 주 너의 하나님을
시험하지 말라고 하셨다."
사탄은 온 세상 나라들을 환상으로 보여주며 다시 유혹했어요.
"나에게 경배하면, 이 세상의 모든 것들을 너에게 줄 수 있어."
예수님은 엄한 명령으로 사탄을 물리쳤어요.
"사탄아 물러가라! 말씀하시기를,
주 너의 하나님께 경배하고 그분만
섬기라고 하셨다."

⊙생각해 봐요!

하나님을 대적하는 사탄은 첫 사람 아담과 하와부터 거짓의 영으로 나타나서 죄에 빠지도록 유혹하지요. 하나님의 뜻이 아닌 사람의 탐욕과 생각으로 판단하도록 시험하지요.

사람으로 오신 예수님은 사탄의 시험에서 이기려면 강한 기도와 말씀으로 대항해야 함을 보여주셨어요.

바울도 믿음의 전신갑주를 입고 사탄을 대적하라 하셨어요. (엡 6:10–18)

"예수님, 유혹을 이기는 믿음을 갖게 해 주세요. 하나님의 말씀으로 이길 수 있도록 도와주세요."

바리새인들의 교만을 책망하셨어요

안식일에 배고픈 제자들이 밀이삭을 잘라 먹었어요.
예수님은 회당에서 손이 굳은 사람을 고쳐주셨어요.
"감히 안식일 율법을 어기다니!"
바리새인들이 분노하자, 예수님이 말씀하셨어요.
"안식일에 생명을 구하는 것보다
더 중요한 일이 어디 있느냐?
나는 안식일의 주인이다."

이스라엘의 종교지도자들인 바리새인들,
율법학자들, 서기관들, 제사장들은
사사건건 예수님이 하시는 일과 말씀을 시험하고 비난했어요.
"어찌하여 세리와 죄인들과 함께 식사하시지?
왜 장로들의 전통을 잘 지키지 않지?"
예수님은 그들의 교만과 위선을 책망하셨어요.

"병든 사람에게 의사가 필요한 것처럼,
나는 죄인을 부르러 왔다."
"너희는 겉만 깨끗하게 하고 속에는 탐욕과 악독이
가득한 사람들, 높은 자리만 좋아하는 사람들,
십일조는 드리지만 공의와 사랑은 버리는 사람들,
가르치기는 좋아하지만 실천은 하지 않은 사람들이구나."

"이에 예수께서 말씀하시되,
사탄아 물러가라 기록되었으되 주 너의 하나님께
경배하고 다만 그를 섬기라 하였느니라."
(마태복음 4:10)

1) 우리를 하나님의 말씀에서 떠나 죄를 짓도록 유혹하는 것은 누구인가요?

2) 사탄이 예수님을 유혹한 세 가지는 무엇인가요?

3) 예수님은 사탄의 유혹을 무엇으로 물리치셨나요?

4) 요즘 나를 하나님의 말씀에서 떠나도록 시험하는 것은 무엇인가요?

새해 달력 만들기

- 빈 탁상 달력에 교회절기, 프로그램을 포함한 월별 달력을 붙여요.
- 내 생일, 가족 생일, 친구 생일을 표시해요.
- 지난해 사진을 프린트해서 빈칸에 붙여요.
- 말씀을 프린트해서 사진 아래에 붙여요.
- 빈 페이지에는 교회 표어, 새해 기도제목을 적어보세요.

제자를 부르신 예수님

누가복음 5:1-11, 6:12-16

갈릴리에서 제자들을 부르셨어요

화창한 아침, 갈릴리 해변 가버나움 동네에 예수님이 오셨어요. 예수님은 시몬의 배에 올라가 말씀을 전하신 후에 시몬에게 말씀하셨어요.

"깊은 곳에 가서 그물을 내려 물고기를 잡으라."

"우리들이 밤새 수고했지만, 오늘은 잡은 것이 없습니다.
그러나 말씀에 의지하여 다시 그물을 내려 보겠습니다."

시몬과 동생 안드레는 그물이 찢어질 만큼 많은 물고기를 잡았어요.
친구 야고보와 요한의 배도 물고기를 가득 싣고 뭍으로 나왔어요.
시몬은 예수님이 보통 분이 아닌 것을 깨닫고, 그 발 앞에 엎드렸어요.
"주여, 나를 떠나소서. 나는 죄인입니다."

예수님은 이 갈릴리의 어부들에게 말씀하셨어요.
"나를 따라 오너라.
내가 너희를 사람을 낚는 어부가 되게 하겠다."
예수님은 시몬에게 베드로라는 이름을 새로 주셨어요.
반석이라는 뜻이었어요.
열정적인 야고보와 요한에게는 '보아너게' 우레의
아들이라는 별명도 붙여주셨어요.

열 두 제자를 사도로 세우셨어요

다른 날에 예수님은 빌립을 만나 제자로 부르셨어요.
빌립은 메시야를 기다리던 친구 나다나엘을 찾아갔어요.
"모세와 선지자가 예언한 메시야를 만났어.
너도 같이 가보자."
나다나엘도 예수님을 만나 제자가 되었어요. 세리 마태는
세관에서 일하다가 예수님의 부르심을 받았어요.
"나를 따라오너라."
제자가 된 마태는 예수님을 보고 들은 대로 복음서를 남겼어요.

⊙생각해 봐요!

예수님이 부르신 제자들은 특별히 똑똑하지도, 잘 생기지도, 돈이 많은 부자도, 지위가 높은 사람도, 유명한 사람도 아니었어요. 다만 예수님이 부르실 때 말씀을 따라가는 순종의 믿음을 가진 사람들이었어요.

제자들은 예수님과 함께 하면서 하나님 나라 훈련을 받고, 예수님이 승천하신 후에는 성령을 받아 하나님의 큰 일꾼들이 되었어요.

예수님은 오늘 우리들도 부르고 계셔요.
"너를 사람 낚는 어부로 만들어 주겠다. 나를 따라 오너라."
"너희는 가서 모든 사람을 제자로 삼으라. 내가 항상 함께 하겠다."

어느 날 예수님은 밤새 기도를 하고 오시더니 많은 제자들 중에서 12제자를 따로 사도로 세우셨어요.
그들의 이름은 바로 '베드로, 안드레, 야고보, 요한, 빌립, 바돌로매(나다나엘), 도마, 마태, 알패오의 아들 야고보, 시몬, 다대오, 가룟 유다' 였어요.

제자들은 약 3년 동안 예수님을 따르며 하나님 나라를 배웠어요.
배신자 가룟 유다 외에는 모두 예수님의 십자가와 부활을 경험했어요.
오순절 성령을 받고 변화된 후에는 처음 교회의 지도자들이 되었어요.
예수님의 삶과 말씀을 전하는 복음의 사도가 되었지요.

"말씀하시되 나를 따라오라.
내가 너희를 사람을 낚는 어부가 되게 하리라
하시니"
(마태복음 4:19)

1) 예수님이 특별히 세우신 12제자의 이름은 무엇입니까?

2) 갈릴리 바다의 어부들을 제자로 부르실 때 예수님은 어떤 사람이 되게 하겠다고 말씀하셨나요?

3) 레위라고도 하고 마태라고도 하는 제자는 어떤 일을 하다가 예수님의 제자가 되었나요?

4) 예수님의 제자들은 초대교회의 지도자들이 되기 전에 성령을 선물로 받았어요. 나는 예수님과 함께, 성령님과 함께 살고 있나요?

친구 전도 '작정 꽃' 만들기

- 색깔 종이컵을 반으로 자르고, 꽃 모양으로 자릅니다.
- 종이컵 바닥에는 나의 이름을 적어요.
- 꽃잎에는 전도하고 싶은 친구나 가족, 이웃의 이름을 적어요.
- 교회 벽에 장식하고, 전도하기 위해 힘써요.

하나님의 나라를 가르치신 예수님

마가복음 1:14–15, 10:13–16

어린 아이 같은 믿음을 가지라 하셨어요

"야, 우리 중에서 누가 더 큰 제자일까?"

"예수님의 나라에서 누가 더 높은 자리를 맡게 될까?"

예수님이 제자들의 수군거림을 들으셨어요.

"누구든지 하나님의 나라에서 첫째가 되고 싶으면 남을 섬기는 사람이 되어야 한다."

예수님은 어린 아이 하나를 다정하게 무릎 위에 앉히셨어요.

"누구든지 내 이름으로 이런 어린 아이 하나를 섬기면 그것이 나를 영접하고 섬기는 것과 같다."

어머니들이 아이들을 안고 손잡고 예수님을 만나러 왔어요.

"이보게들, 아이들이 뭘 안다고…

시끄럽고 귀찮게 하지 말고 얼른 돌아가세요!"

그 모습을 보시고 예수님이 제자들을 책망하셨어요.

"어린 아이들이 내게 가까이 오는 것을 막지 말아라! 하나님의 나라는 바로 이런 아이들의 것이다. 어린 아이처럼 하나님의 나라를 받아들이지 않는 자는 결코 그곳에 들어가지 못할 것이다."

예수님은 어린 아이들을 하나하나 안고 그 머리에 축복하셨어요.

⊙생각해 봐요!

하나님의 나라, 하늘나라, 천국은 하나님이 다스리는 나라입니다.

예수님이 오셔서 시작된 하나님의 나라는 예수님이 다시 오실 때 완성되지요. 하나님의 나라와 예수님을 믿는 우리는 하나님 나라의 백성, 하나님의 자녀가 되었어요. 하나님을 '아빠 아버지'(갈4:6)라고 부르며 예배하고, 생명과 평화의 하나님 나라가 하늘에서 이룬 것 같이 땅에서도 이루어지길 소망하며 살 수 있게 되었어요.

우리도 아기 예수님의 오심을 날마다 기뻐하고 감사하며 경배해요.

하나님의 나라는 너희 안에 있다 하셨어요

"때가 찼고, 하나님의 나라가 가까이 왔다. 회개하고 복음을 믿으라."

예수님은 언제 어디서나 하나님의 나라 복음을 전파하셨어요.

병든 사람, 몸이 불편한 사람을 고치시고, 죽은 사람을 살리시며 하나님의 나라가 가까이 온 것을 알려 주셨어요. 예수님이 부활 생명이며, 구원의 문이심을 가르쳐 주셨어요.

사람들이 물었어요.

"하나님의 나라가 어느 때에 올까요?"

예수님이 대답하셨어요.

"하나님의 나라는 너희 안에 있다."

예수님은 하나님의 나라를 비유로 가르쳐 주셨어요.

"하나님의 나라는 겨자씨같이 자라서 열매를 맺는단다.
알곡 같은 믿음으로 살았던 사람이 천국에 들어갈 거야.
하나님의 나라는 임금님이 혼인 잔치를
베풀고 초청하는 것 같으니 믿음의 예복을 입고,
기름을 준비하여야 한다."

예수님은 하나님의 나라 백성답게 살라고 가르쳐 주셨어요.

"너희는 먼저 하나님의 나라와 하나님의 뜻을 구하여라.
하나님의 뜻이 땅에서도 이루어지도록 기도하여라."

"때가 찼고 하나님의 나라가 가까이 왔으니,
회개하고 복음을 믿으라 하시더라."
(마가복음 1:15)

1) 하나님의 나라는 누가 다스리는 나라인가요?

2) 예수님은 하나님의 나라가 어디에 있다고 말씀하셨나요?

3) '서로 누가 크냐?' 논쟁하던 제자들에게 예수님은 어떤 사람이 천국에서 큰 자라고 말씀하셨나요?

4) 어린 아이와 같지 않으면 하나님의 나라에 들어가지 못한다는 말은 무슨 뜻일까요?

허니 종이액자 만들기

- 허니 종이액자 세트와 네임펜을 준비해요.
- 사람카드에 자화상을 그리고, 이름과 자기소개를 적어요.
  (표창장 카드로 이름, 상장이름, 표창내용을 적어도 좋아요)
- 스티커로 장식해요.
- 종이액자를 접어서 벽장식으로 사용해요.

물로 포도주를 만드신 예수님

요한복음 2:1–11

가나의 혼인 잔치에 가셨어요

여기는 어디일까요? 갈릴리 가나 마을에 혼인 잔치가 열렸어요.
예수님과 어머니 마리아, 제자들도 초대되었어요.
손님들은 맛있는 음식을 먹고, 노래를 부르고, 춤도 추며
잔치를 즐겼어요.
신랑과 신부는 축하를 받으며 행복한 시간을 누렸어요.
연회장은 손님들의 접대가 소홀하지 않도록 두루 살폈어요.

한참 잔치가 무르익어갈 때, 하인이 연회장에게 와서 말했어요.

"연회장님, 큰일 났어요.

준비한 포도주가 다 떨어졌어요."

"뭐라고? 잔칫집에 포도주가 없으면 어떻게 된단 말이냐!

마을에도 구할 수 있는 포도주가 없을 텐데."

연회장의 얼굴에 근심이 가득해졌어요.

하인들은 어쩔 줄을 몰랐어요.

마침 예수님의 어머니 마리아가 이 대화를 들었어요.

마리아는 조용히 예수님 곁으로 다가가서 말했어요.

"이 집에 포도주가 모자란다는구나."

⊙ 생각해 봐요!

'난 어리석어. 난 못 생겼어. 난 너무 약해. 난 가난해.' 그럴 때 하나님은 말씀하셔요.
"나는 너를 멋진 걸작품으로 만들었단다. 나는 너를 사랑한단다."

'난 기도를 잘하지 못해. 난 전도를 못해. 난 성경을 잘 몰라. 난 찬송을 못해.'그럴 때 하나님은 말씀하셔요.
"나는 너를 멋진 하나님의 사람으로 바꿀 수 있단다. 나는 너를 구원했단다."

우리가 예수님을 믿고 예수님과 함께하면 정말 놀라운 일이 일어날 거예요! 예수님은 놀라운 하나님이시니까요. 우리를 위해 피 흘려 돌아가신 사랑의 포도주가 되셨으니까요.

항아리에 채운 물이 포도주가 되었어요

예수님은 잠시 망설였어요.

아직 때가 아니라고 생각했어요.

그러나 마리아는 하인들을 불러서 말했어요.

"예수가 무엇을 말하든지,

너희들은 그 말대로 하여라."

그 말을 들은 예수님이 하인들에게 말씀하셨어요.

"빈 항아리에 물을 가득 채워라."

잔칫집에는 큰 돌항아리 6개가 놓여 있었어요.

하인들은 항아리마다 물을 가득가득 채웠어요.

왜 물을 채우라고 하시는지 궁금했지만, 그대로 순종했어요.

"이제 그 물을 떠서 연회장에게 갖다 주어라."

하인들은 물을 떠서 연회장에게 가져갔어요.

연회장이 그것을 맛보더니 놀라워하는 얼굴이 되었어요.

무슨 일이 일어났을까요?

항아리에 채운 물이 맛있는 포도주로 바뀌어 있었어요.
지금까지 마셨던 어떤 포도주보다
더 맛있는 포도주였어요.

예수님이 함께 하셔서 더 행복한 잔치가 이어졌어요.

제자들은 예수님이 놀라운 분이라는 것을 알게 되었어요.

"예수께서 이 첫 표적을
갈릴리 가나에서 행하여 그 영광을 나타내시매,
제자들이 그를 믿으니라."
(요한복음 2:11)

1) 예수님과 제자들이 초대된 혼인 잔치는 어느 마을에서 열렸나요?

2) 예수님이 물을 가득 채우라고 하신 돌항아리는 몇 개였나요?

3) 가나의 혼인 잔칫집 하인들에게서 배울 점은 무엇인가요?

4) 하나님이 변화시켜 주시길 바라는 나의 어려움, 나의 부족함은 무엇인가요?

찬양 율동 만들기

– '예수님이 말씀하시니' 찬양을 배워요.
– 반별로 1절씩 나누어 율동을 만들어 보아요.
– 반별로 만든 찬양 율동을 발표해요.

8주 아픈 사람을 고쳐주신 예수님

마가복음 2:1–12, 누가복음 17:11–19

네 친구가 데려온 중풍병자를 고쳐주셨어요

갈릴리 가버나움 동네에 왁자지껄 사람들로 가득찬 집이 있어요.

집 안에도 문 밖에도 사람들이 몰려들었어요.

그 집에는 예수님이 오셔서 말씀을 전하고 계셨어요.

"아, 글쎄. 저번에 시몬의 장모 열병이 바로 나았대잖아."

"그 끔찍한 나병환자도 손을 대자마자 깨끗해졌다던데?"

"몸의 병뿐이야? 귀신들린 사람들도 멀쩡해진다고."

갑자기 집 안이 더 어수선해지더니 나무지붕이 뜯겨져 큰 구멍이 생겼어요.
네 사람의 친구가 앓아 누운 중풍병자를 침상째 줄로 매달아서 예수님 앞에 내려주었어요.

"예수님이시라면 이 친구를 꼭 낫게 하실 수 있다고 믿었어요.
그런데 밖에 사람들이 너무 많아서...어쩔 수 없이…"
예수님은 중풍병자와 친구들의 포기하지 않는 믿음과 사랑을 보셨어요.
"네 죄가 용서받았다. 일어나 네 자리를 가지고 집으로 돌아가거라."
벌떡 일어난 중풍병자도, 친구들도, 보고 있던 사람들도 깜짝 놀랐어요.
"감사합니다, 예수님! 하나님을 찬양합니다!"
"이런 놀라운 일이! 지금까지 이런 일을 본 적이 없었어."

열 명의 나병환자를 고쳐 주셨어요

예수님과 제자들이 예루살렘으로 올라가시다가 멀리서 소리 지르는 한 무리의 사람들을 보았어요.
"예수님! 우리를 불쌍히 여겨주십시오!"
썩어가는 몸과 냄새 때문에 저주를 받으며 마을에서 쫓겨나 들판 움막에서 살아가던 열명의 나병환자들이었어요.
예수님이 그들의 간절한 소원과 믿음을 보시고 말씀하셨어요.
"가서, 제사장들에게 너희 몸을 보여라."

⊙생각해 봐요!

예수님은 몸이 아프고 마음이 아픈 사람들을 불쌍히 여기셨어요.
만나는 병자들을 고치고 또 고치셨어요. 믿음으로 예수님을 찾아온 병자들을 낫게 하심으로 하나님 나라를 보여주셨어요. 하나님의 나라는 아픈 것도, 슬픈 것도 없는 완전한 생명의 나라이기 때문이에요.

고쳐주시는 예수님을 만난 사람들은 하나님 나라의 놀라운 기쁨과 소망을 갖게 되었어요. 죄에서 구원받는 더 큰 선물도 받았어요.

우리 죄와 몸의 아픔과 마음의 슬픔도 모두 예수님께 가져와 고침 받아요.

나병환자들이 제사장을 찾아가는 동안에
각 사람의 몸이 깨끗하게 나았어요.
병이 나은 사람들은 신이 나서 달려갔어요.
얼른 제사장의 판결을 받고 집으로 돌아가고 싶었어요.
그들 중의 한 사마리아 사람이 되돌아와 예수님 발 앞에 엎드렸어요.

"주님, 말씀대로 제 몸이 깨끗해졌습니다.
하나님께 영광을 돌립니다."

예수님이 말씀하셨어요.

"열 명이 다 나았는데, 나머지 아홉은 어디에 갔느냐?
일어나 가라. 네 믿음이 너를 참으로 구원하였다.

"예수께서 모든 도시와 마을에 두루 다니사
그들의 회당에서 가르치시며, 천국 복음을 전파하시며,
모든 병과 모든 약한 것을 고치시니라."

(마태복음 9:35)

1) 중풍병자가 예수님을 만나 고침을 받은 것은 누구의 도움이 있었기 때문인가요?

2) 예수님은 몸이 아픈 사람들의 무엇을 보시고 고쳐주셨나요?

3) 예수님을 믿음으로 구원받은 사람들이 들어가는 아픔도 슬픔도 죽음도 없는 나라는 어디인가요?

4) 오늘 나와 내 가족, 친구 중에서 고치시는 예수님의 도움을 구해야할 사람은 어떤 아픔이 있나요?

큰 공 옮기기 게임 1,2,3,4

- 바닥에 구불구불하게 레이스 선을 붙이고, 2팀으로 나누어 진행해요.
(짐볼, 탱탱볼, 풍선 중 이용)
① 널판지에 공을 올린 후 2명이 마주 잡고 반환점 돌아오기.
② 2명씩 등으로 공을 마주잡고 반환점 돌아오기.
③ 2명씩 공을 잡고 우리 편으로 끌어오기.
④ 각 팀이 줄지어 앉아서, 누워서 손과 발 이용하여 큰 공 옮기기.

바다를 잔잔하게 하신 예수님

마가복음 4:35-41, 6:45-52

바람과 파도를 잠잠하라고 명하셨어요

예수님은 갈릴리에서 하나님의 일을 많이 하셨어요.
회당에서, 언덕에서, 바닷가에서 말씀을 전하시고 병을 고쳐 주셨어요.
이날도 날이 어두워질 때까지 바닷가에 매어 놓은 배 위에서
말씀을 전하셨어요.

"오늘은 바다 건너편 마을로 가서 쉬자."
제자들이 배를 저어 바다를 건너가기 시작했어요.
너무 피곤하셨던 예수님은 배 뒤쪽에서 팔베개를 베고 주무셨어요.

바다 가운데에서 갑자기 거센 바람이 일어났어요. 파도가 사나워졌어요.

제자들이 애써 보았지만, 배가 뒤집혀질 위기에 처했어요.

그 때까지도 예수님은 곤히 주무시고 계셨어요.

"예수님, 얼른 일어나세요!
풍랑 때문에 우리가 죽게 되었어요!"

예수님이 일어나서 성난 바다를 보셨어요.

"바람아, 조용하라! 파도야, 잠잠하여라!"

예수님이 말씀하시니 곧 바람이 그쳤어요.

바다가 고요해졌어요.

제자들은 서로 소근대며 말하였어요.

"예수님은 도대체 누구시길래,
바람과 바다까지 다스리시는가?"

⊙생각해 봐요!

예수님은 하나님이셨어요. 처음 세상을 만드신 분이셨어요.
그러므로 예수님은 모든 세상의 주인이시지요. 예수님은 세상의 모든 것을 움직일 수 있는 능력이 있었어요.

제자들은 바람과 파도를 잔잔하게 하신 예수님을 경험하면서, 예수님과 함께 있으면 아무것도 두려워할 것이 없다는 믿음을 배울 수 있었어요.
예수님만 바라보면 무엇이든 할 수 있다는 믿음을 배울 수 있었어요.

우리도 세상의 바람과 파도를 예수님과 함께 이겨내어요!

바다 위로 걸어오셨어요

얼마 후, 다른 밤에는 제자들만 배를 타고 있었어요.

그런데 또다시 거센 바람과 파도가 일어났어요.

제자들은 두려웠어요.

"큰일났어! 이번에는 예수님도 계시지 않은데……."

"우리 모두 죽게 되었어."

그때 캄캄한 바다 위를 걸어서 예수님이 찾아오셨어요.

"안심하여라. 두려워하지 말아라."

"선생님, 예수님이시다!"

제자들 중 베드로가 반가워하며 바다 위로 뛰어내렸어요.

예수님의 능력으로 베드로도 물 위를 걸을 수 있었어요.

그러다가 베드로는 발밑의 파도를 보고 깜짝 놀랐어요.

'아니, 이럴수가! 내가 물 위를 걷다니.'

베드로가 물에 빠져 들어갔어요.

예수님이 손을 내밀어 베드로를 건져 올리셨어요.

"베드로야, 믿음이 아직도 많이 부족하구나."

예수님과 베드로가 배 위에 오르시자 바람과 파도가 잔잔해졌어요.

"우와! 바람과 바다까지 예수님 말씀에 순종하는구나!"

"예수께서 깨어 바람을 꾸짖으시며 바다더러
이르시되, 잠잠하라 고요하라 하시니
바람이 그치고 아주 잔잔하여지더라."
(마가복음 4:39)

1) 예수님과 제자들이 큰 파도를 만난 바다는 어디인가요?

2) 큰 바람과 파도가 배를 삼키려 할 때, 예수님은 무엇을 하고 계셨나요?

3) 예수님처럼 바다 위를 걸었던 제자는 누구인가요?

4) 바람과 파도가 예수님께 복종한 이유는 무엇인가요?

바닥 주사위 놀이

- 바닥에 색깔별로 관련된 말판과 숫자를 붙여서 준비해요.
  (검정색: 죄 / 빨간색: 예수님 / 하얀색: 구원 /
  노란색: 감사, 기쁨 / 초록색: 신앙생활 /
  검정색만 뒤로 이동하도록 함)
- 팀을 나누고 주사위를 던져서 사람이 말이 되어
  숫자대로 이동합니다.
- 아브라함의 일생, 예수님의 일생 등을 이용하여도 좋아요.

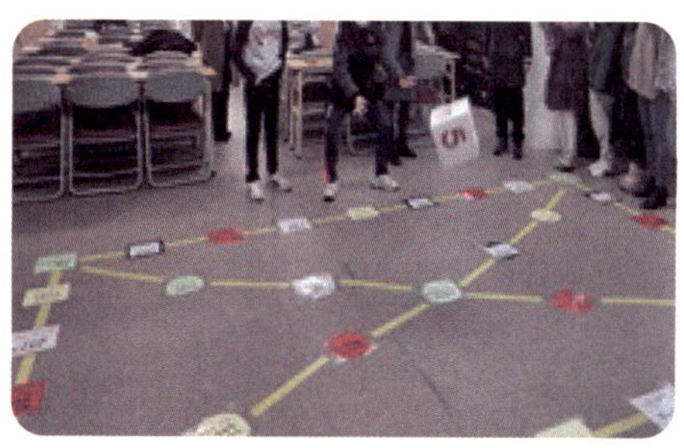

귀신을 쫓아내신 예수님

마가복음 5:1-29, 9:14-29

거라사에서 군대 귀신을 쫓아내셨어요

갈릴리 바다 건너편 거라사 지방의 무덤 사이에는 더러운 귀신들린 사람이 살고 있었어요. "으와아아악! 꾸웩!" 밤낮 무서운 소리를 지르며 돌로 자기 몸을 해치고, 지나가는 다른 사람들에게도 큰 두려움을 주었어요. 너무 힘이 세어서 쇠고랑과 쇠사슬로 묶어도 쉽게 끊어 버렸어요.

예수님이 그 사람을 보시고, 매우 불쌍히 여겼어요.

"더러운 귀신아, 그 사람에게서 나오너라!"

귀신들린 사람이 예수님께 엎드려 부탁했어요.

"지극히 높으신 하나님의 아들 예수여!
우리는 군대 귀신입니다.
우리를 저 들판의 돼지에게로 보내주소서."

더러운 귀신들이 2천 마리의 돼지 떼로 들어갔어요.

귀신들린 돼지 떼들은 바다로 달려가 물에 빠져 죽었어요.

군대 귀신 들렸던 사람은 온전한 정신과 몸으로 돌아왔어요.

"예수님, 저도 예수님을 따라가고 싶습니다."

"아니야, 너는 집으로 돌아가
가족과 이웃에게 이 일을 전하여라."

⊙ 생각해 봐요!

우리는 귀신이라는 말만 들어도 무서워하지요? 하지만 예수님과 함께 사는 사람은 귀신을 두려워할 필요가 없어요. 사탄의 도구인 귀신의 영은 사람에게 고통과 두려움을 주지만, 예수님의 보혈은 오늘도 우리의 몸과 영의 모든 고통과 두려움을 치유해 주신답니다.

믿음으로 예수님 앞에 나오는 사람은 그 몸과 정신과 영혼이 온전한 하나님의 사람으로 살 수 있어요. 기도와 성령님의 능력으로 모든 악하고 어두운 영을 물리칠 수 있어요.

변화산에서 귀신들린 아이를 고치셨어요

예수님과 함께 높은 산으로 올라간 베드로와 야고보와 요한은 예수님이 빛나는 천사처럼 변하는 것을 보았어요.

이스라엘 조상 모세와 엘리야가 나타나 예수님 곁에 선 것을 보았어요.

갑자기 구름이 덮이고, 하늘에서 소리가 들려왔어요.

"이는 내 사랑하는 아들이니,
너희는 그의 말을 들으라."

제자들은 놀란 가슴을 두근거리며 예수님과 함께 산 아래로 내려왔어요.

한 사람이 예수님께 달려왔어요.

"제 아들은 말 못하고 못 듣는 귀신에 들렸어요.
아무데서나 의식을 잃고, 불과 물에도 몸을 던집니다.
여기 제자들에게 부탁했지만, 고치질 못했어요.
예수님, 하실 수 있으면 저희를 불쌍히 여겨 도와주세요!"

예수님이 말씀하셨어요.

"믿는 자에게는 하지 못할 일이 없다."

귀신들린 아들의 아버지는 더욱 간절히 구했어요.

"제가 믿습니다! 예수님, 나의 믿음 없는 것을 도와주세요!"

예수님은 귀신을 꾸짖어 아들에게서 쫓아내었어요.

그리고 제자들에게 말씀하셨어요.

"얘들아, 기도 외에는 이런 일을 할 수 없단다."

"예수께서 이르시되 할 수 있거든이 무슨 말이냐.
믿는 자에게는 능히 하지
못할 일이 없느니라 하시니"
(마가복음 9:23)

1) 예수님이 갈릴리 건너편 거라사에서 고친 사람은 어떤 귀신이 들려 있었나요?

2) 예수님은 거라사 귀신을 어떻게 쫓아내셨나요?

3) 예수님이 변화하신 산에서 내려와 고친 사람은 어떤 괴로움을 갖고 있었나요?

4) 우리가 예수님처럼 악한 귀신을 물리치려면 어떻게 해야 할까요?

색종이로 감정 표현하기

- 지난 한 주간의 삶 가운데 가장 기억나는 일과 그 때의 감정을 생각해 보세요.(기쁨, 신남, 평안함, 지루함, 짜증남, 우울함, 슬픔, 화남 등)
- 색종이 중에서 내 감정과 어울리는 색을 골라보세요.
- 종이를 오리거나, 찢거나, 구기거나, 접어서 내 감정을 표현해 보세요.
- 표현한 것을 나누며 우리 감정도 하나님께 맡기는 기도를 드려요.

다시 살리신 예수님

마가복음 5:35-43, 누가복음 7:11-17

야이로의 딸을 살려 주셨어요

"예수님! 저희 집에 오셔서 제 딸을 고쳐주세요!"

가버나움 마을의 회당장 야이로가 예수님 발 앞에 엎드렸어요.

야이로에게는 12살이 된 예쁜 딸이 있었어요.

이 딸이 병에 걸려서 아무리 좋은 약을 써도 낫지 않았어요.

"아무래도 이 아이는 살아날 가망이 없습니다."

그러나 야이로는 딸을 포기할 수 없었어요.

야이로는 예수님을 생각했어요.

'그래! 그분이라면 분명 우리 딸을 고칠 수 있을거야!'

예수님은 제자들과 함께 회당장 야이로의 집으로 향했어요.

아직 길을 가고 있을 때에, 야이로의 하인이 달려와서 말했어요.

"이제 예수님을 모셔 와도 소용이 없어요.
조금 전에 따님이 죽었어요!"

예수님은 야이로의 집에 가서,
울고 있는 사람들을 내보내며 말씀하셨어요.

"이 아이는 죽은 것이 아니라 잔다."

예수님은 방에 들어가 죽은 아이의 손을 잡았어요.
가만히 얼굴을 들여다보며 마치 잠자는 아이를 깨우는
아빠처럼 말씀하셨어요.

"달리다굼! 아이야, 일어나라!"

죽었던 아이가 반짝 눈을 뜨더니, 예수님 손을 잡고
일어났어요. 병도 나아서 씩씩하게 걸어다녔어요.
야이로의 가족들은 매우 놀라며 기뻐했어요.

나인성 과부의 아들을 살려 주셨어요

"나는 이제 누구를 의지해 살까?
아들아, 불쌍한 내 아들아!"

예수님이 제자들과 함께 나인 성으로 가시다가,
성문 밖에서 장례행렬을 만났어요.
죽은 사람은 나인성 과부 아주머니의 외아들이었어요.
어머니는 쓰러지듯 슬피 울며 관을 따라오고 있었어요.

⊙생각해 봐요!

아픔만큼 힘든 일이 있을까요? 죽음만큼 슬픈 일이 있을까요?
예수님은 사랑하는 사람의 죽음 때문에 슬퍼하는 사람들을 불쌍히 여기셨어요. 그리고 하나님의 능력으로 놀라운 기적을 베풀어 주셨어요.

예수님은 야이로의 딸과 나인성 과부의 죽은 아들을 살려 주시고, 죽었던 나사로를 무덤에서 다시 살아 나오게 하셨어요. 이 기적은 우리에게 영원한 생명을 주시기 위해 오신 예수님의 사랑을 보여주시는 기적이었어요.

"모든 눈물을 그 눈에서 닦아 주시니 다시는 사망이 없고, 애통하는 것이나 곡하는 것이나 아픈 것이 다시 있지 아니하리니" (계21:4)

"아이구, 남편도 없이 힘들게 기른 젊은 아들이 그만 죽다니. 쯧쯧."

뒤따르는 마을 사람들도 함께 울었어요.

예수님이 과부 아주머니 곁에 가셔서 말씀하셨어요.

"울지 말라."

그리고 죽은 아들의 시신이 누운 관에 손을 대셨어요.

"청년아, 내가 네게 말한다. 일어나라!"

죽었던 아들이 일어나 앉아 어머니께 말을 걸었어요.

"어머니, 울지 마세요. 저는 이제 괜찮아요."

사람들은 너무 놀라며 두려워했어요.

"큰 선지자가 나타났다!"

"이는 하나님이 보내신 분이다!"

"그 아이의 손을 잡고 이르시되 달리다굼 하시니
번역하면 곧, 내가 네게 말하노니
소녀야 일어나라 하심이라."
(마가복음 5:41)

1) 야이로의 딸이 병들어 죽게 되자 예수님을 찾아간 이유는 무엇일까요?

2) 예수님이 죽었던 야이로의 딸을 살리실 때 하신 말씀은 무엇인가요?

3) 나인 성문 밖의 장례 행렬은 누구의 죽음 때문이었나요?

4) 누군가의 죽음을 경험한 일이 있나요? 그때의 슬픔을 나누어 보세요.

신앙 독서와 발표회

- 믿음의 어린이들이 읽을 신앙도서를 선정해요.
- 기한을 주고 다 읽은 후에 특히 감동 받은 점, 배울 점 등 느낀 점을 발표해요.
- 1일 독서캠프를 열어도 좋아요.
  (책 읽기, 독서학습지 풀이하기, 발표하기)

향유를 받으신 예수님

누가복음 10:38-42, 요한복음 12:1-11

베다니 나사로의 집에 자주 가셨어요

예루살렘 가까운 마을 베다니에는 나사로, 마르다,
마리아 남매가 살고 있었어요.
마르다가 예수님과 제자들을 초대하고, 몸과 마음이 분주했어요.
부지런히 집을 청소하고 여러 가지 음식을 장만했어요.
마리아는 예수님 앞에 앉아 제자들과 함께 말씀을 듣고 있었어요.
마르다가 예수님께 부탁했어요.
"예수님, 마리아에게도 일을 좀 도와주라고 말씀해 주세요."
예수님이 말씀하셨어요.

"마르다야, 참 고맙구나. 하지만 지금 마리아는
더 좋은 편을 택하였단다."

어느날 멀리 계신 예수님께 소식이 전해졌어요.
"베다니의 나사로가 큰 병이 들었답니다!"
하지만 예수님은 나사로가 죽은지 4일이 지난 후에야 베다니로 왔어요.
마르다와 마리아가 예수님께 달려와 울며 말씀드렸어요.
"예수님이 여기 계셨다면 우리 오빠 나사로가
죽지 않았을거예요."
예수님도 눈물을 흘리시며 나사로의 무덤으로 가셨어요.
예수님은 무덤을 막은 큰 돌을 옮기게 하시고,
큰 소리로 말씀하셨어요.
"나사로야, 나오너라!"
죽은 나사로가 돌무덤에서 다시 살아나왔어요.

마리아의 향유를 받으셨어요

마지막 유월절을 앞두고 예수님은 예루살렘으로
향하다가 베다니 나사로의 집에 가셨어요.
마리아는 예수님께 감사와 사랑의 선물을 드리고 싶었어요.
'내가 가진 것 중에서 가장 귀한 것은 무엇이지?
옳지! 조금씩 사 모아둔 나드 향유를 드려야겠다.'

마리아는 조심조심 옥으로 된 기름병을 깨고,
예수님의 머리에 향유를 부었어요.
예수님의 발에도 붓고 자기 머리털로 그 발을 닦았어요.

⊙ 생각해 봐요!

"내게 있는 향유옥합 주께 가져와 그 발 위에 입 맞추고 깨뜨립니다.
나를 위해 십자가에 달리신 그 발~"

마리아는 예수님을 사랑했기에 마음과 힘을 다한 선물로 예수님을 기쁘시게 해 드렸어요. 마리아의 진실한 사랑과 거룩한 헌신이 예수님의 장례를 예비하는 아름다운 향기가 되었어요.

반면에 유다는 영적으로 둔감하고, 겉은 정의로우나 속은 탐욕으로 가득한 위선자였고, 계산적이고 비판적인 사람이었기에 결국 예수님을 배신하고 스스로 죽음의 길을 가는 불행한 제자가 되었지요.

나는 얼마나 예수님을 사랑하나요? 나는 오늘 무엇으로 예수님께 드릴 수 있을까요?

향기로운 기름 냄새가 방 안에 가득 퍼졌어요.
깜짝 놀라서 바라보던 제자 중에서 가룟 사람 유다가 나섰어요.
"아니, 마리아! 대체 왜 이런 짓을 한 거요?
차라리 그 값비싼 향유를 300 데나리온에 팔아서
가난한 사람들에게 나누어 주면 더 좋았을 걸..."

예수님은 부드러운 미소와 목소리로 말씀하셨어요.
"오늘 마리아가 행한 일은 영원히 아름답게 기억될거야.
가난한 사람들은 늘 너희와 함께 있을 것이지만,
마리아가 내 발에 향유를 부은 것은
곧 있을 내 장례를 미리 준비하는 일이 되었단다."

"그는 힘을 다하여 내 몸에 향유를 부어
내 장례를 미리 준비하였느니라."
(마가복음 14:8)

1) 예루살렘에 가셨던 예수님이 밤에 쉬신 마을은 어디인가요?

2) 예수님의 발에 귀한 나드 향유를 부어드린 사람은 누구인가요?

3) 예수님께 향유를 부은 여인을 책망한 제자는 누구인가요?

4) 예수님의 발에 향유를 부어드린 것은 어떤 의미가 있었나요?

큰 감사꽃 편지쓰기

- 색지로 큰 카네이션 꽃과 리본을 만들어요.
- 어린이들이 꽃에 간단한 감사 편지를 씁니다.
- 담임 목사님, 선생님 또는 부모님께 드려도 좋아요.

하늘로 올라가신 예수님

요한복음 21:1-19, 누가복음 24:44-53

갈릴리에서 제자들을 만나주셨어요

'예수님이 부활하셨지만 곧 하늘로 돌아가신다 하시니,
이제 나는 무엇을 해야 할지… 다시 물고기나 잡으러 가야겠다.'
베드로가 그물을 챙겨 들고 나섰어요.
야고보와 요한, 도마, 나다나엘과 다른 두 제자도 베드로를 따라
배를 타고 갈릴리 바다로 나갔어요.

“이럴 수가... 밤을 새워 그물을 던졌는데 한 마리도 못 잡다니.”

실망하여 돌아오는데, 멀리 바닷가에 선 예수님이 말씀하셨어요.

“얘들아, 고기 많이 잡았니? 아무것도 없다고?
그물을 배 오른편에 던져봐.”

예수님 말씀대로 했더니 물고기가 그물에 가득 찼어요. 153마리나 되었어요.

“자, 잡은 생선 좀 가져와. 내가 준비한 숯불에 구워 떡과 함께 먹자.”

아침 식사 후에 예수님이 베드로에게 말씀하셨어요.

“시몬, 네가 나를 사랑하느냐?”

“예, 주님! 그렇습니다.
제가 주님을 사랑하는 줄 주님께서 아십니다.”

“그래, 내 어린 양을 먹이라.”

예수님은 두 번째, 세 번째 같은 말씀으로 물으시고,
같은 대답을 들으시고 거듭거듭 당부하셨어요.

“내 양을 치라.” “내 양을 먹이라.”

베드로와 제자들은 처음 예수님의 제자로 부름을 받은
바닷가에서 다시 예수님의 사도로 세움을 받았어요.

감람산에서 하늘로 올라가셨어요

부활하신 예수님은 제자들에게 하나님 나라의
복음을 다시 가르쳐 주셨어요.

40일 후에 예수님은 제자들과 함께 감람산으로 향하셨어요.

예수님은 손을 들어 제자들을 축복하셨어요.

“예루살렘을 떠나지 말고 약속하신 성령을
기다려라. 성령이 너희에게 임하시면 너희가 권능을 받고,

◉ 생각해 봐요!

“하늘에 오르시어 전능하신 하나님 우편에 앉아 계시다가 거기로부터 살아있는 자와 죽은 자를 심판하러 오십니다.”

예수님이 이 세상에 인간으로 오셔서 우리를 구원하시는 구속 사역은 십자가와 부활을 거쳐 승천하심으로 완성되었어요. 그러나 예수님의 승천은 이 세상에서 떠남이 아니라 영광스러운 하나님, 살아계신 예수님, 성령 하나님 즉 삼위일체 하나님으로 다시 돌아오시는 영광스러운 구속 사역의 시작이었어요.

예수님은 다시 오셔서 영생과 영벌로 심판하실 때까지 지금도 만왕의 왕, 역사의 주인, 교회의 머리, 유일한 구원자로 우리와 함께 하셔요!

예루살렘과 온 유대와 사마리아와 땅끝까지
내 증인이 될 것이다.
내가 세상 끝날까지 너희와 항상 함께 있을 것이다."

갑자기 구름이 내려와 예수님을 가리우며 하늘로 올렸어요.
제자들이 놀라 하늘을 바라보는데,
흰 옷 입은 두 천사가 나타나서 말했어요.
"너희 가운데서 하늘로 올려지신 이 예수님은 하늘로
가심을 본 그대로 다시 오실 것이다."
제자들은 예루살렘 성전에서 하나님을 찬송했어요.
날마다 다락방에 모여서 기도했어요.
열흘 후 오순절, 약속하신 성령님이 오셔서
제자들을 변화시켰어요.
예수님의 복음을 전하는 처음 교회가 시작되었어요.

"주 예수께서 말씀을 마치신 후에 하늘로 올려지사,
하나님 우편에 앉으시니라."
(마가복음 16:19)

1) 예수님이 부활하신 후에도 갈릴리 바다로 고기를 잡으러 나간 제자들은 누구였나요?

2) 바닷가에서 부활하신 예수님은 베드로에게 어떤 질문과 부탁을 몇 번 반복하셨나요?

3) 예수님이 승천하신 곳은 어디인가요?

4) 승천하신 예수님이 약속하신 것은 무엇인가요?

챈트 만들기

- 먼저 우리말로 리듬을 넣어서 외쳐 보세요.
- 다음에는 영어로 리듬을 넣어서 외쳐 보세요.
- 익숙해지면 몸동작도 만들어서 해 보세요.

성령님의 도움이 필요해요!
성령님의 도움이 필요해요!
하나님의 자녀로 살기 위해
성령님의 도움이 필요해요!

Help me! Help me! Holy Spirit!
Help us! Help us! Holy Spirit!
To live as God's children
Holy Spirit! Holy Spirit!

예루살렘에 들어가신 예수님

마가복음 11:1-11

어린 나귀를 타고 예루살렘에 들어가셨어요

예수님이 하나님 나라의 복음을 전한지 약 3년이 지났어요.
예수님은 제자들과 함께 갈릴리를 떠나 예루살렘으로 향했어요.
예수님은 참 평화와 믿음이 없는 예루살렘을 향하여
애통한 마음으로 가셨어요.
예루살렘에서 자신이 죽으심과 부활하실 것을 예언하셨어요.
"예루살렘아, 예루살렘아… 선지자들을 죽이는 도시여.
암탉이 병아리를 날개 아래 모음같이 너희의

자녀를 모으려 하였건만, 너희가 원하지 아니하는구나."

예수님과 제자들이 예루살렘 옆 벳바게 마을 근처에 도착했어요.

예수님이 제자 중 두 사람을 불러서 말씀하셨어요.

"맞은 편 마을에 가면 아무도 타 보지 않은
새끼 나귀가 있을 것이다.
그 나귀를 풀어서 끌고 오너라.
누가 보고 무슨 말을 하거든, 주님께서
쓰신다고 말하여라."

두 제자는 얼른 달려가서 예수님이 시키는 대로 하였어요.

예수님은 새끼 나귀에 올라타고,

천천히 예루살렘 성문으로 들어갔어요.

호산나 찬송을 받으셨어요

'시온의 딸들아, 네 왕이 오신다.
그는 겸손하여 나귀,
곧 멍에 메는 짐승의 새끼를 탔도다.'

모여든 많은 사람들은 스가랴 선지자의 예언을 떠올렸어요.

어떤 사람들은 겉옷을 벗어 길에다 폈어요.

어떤 사람들은 종려나무의 가지를 꺾어다가 길에 깔았어요.

사람들은 종려나무 가지를 흔들며, 큰 소리로 외치기 시작했어요.

"호산나, 찬송하리로다! 주의 이름으로 오시는 이여!
우리 조상 다윗의 나라여!
가장 높은 곳에서 호산나 호산나!"

⊙생각해 봐요!

'호산나'는 '이제 우리를 구원하소서'하는 외침이었어요.

예수님은 왕으로 예루살렘에 들어가셨어요. 그러나 사람들이 생각하는 왕으로 오신 것은 아니었어요. 말을 타고 하늘 군대를 거느리고 로마와 싸워서, 이스라엘 나라의 왕이 되려고 오신 것은 아니었어요. 이것을 오해한 제사장들과 로마 군대와 유대 사람들이 예수님을 십자가에 죽게 했지요.

종려주일, 새끼 나귀를 타고 예루살렘에 들어가신 예수님은 자신의 몸으로 죽어 온 세상의 죄를 구원하기 위해 오신 왕이셨어요. 하나님이 다스리는 나라를 이 땅에 이루기 위해 낮아지신 평화의 왕이셨어요.

온 예루살렘이 들떠서 물었어요.

"이 사람이 누구요?"

예수님과 함께 올라온 제자들과 사람들이 말했어요.

"나사렛에서 오신 예언자 예수라오."

"그는 자신이 하나님의 아들이라고 했어요."

"병든 자를 고치고, 배고픈 자를 먹이고,
죽은 자도 살려 주셨어요."

"그가 유대의 왕이 되시면, 우리는 로마의 다스림에서
해방이 될 것이오."

예수님은 조용히 성전에 들어가서 기도하시고, 베다니로 나가서
쉬셨어요.

"호산나 찬송하리로다 주의 이름으로 오시는 이여
찬송하리로다. 오는 우리 조상 다윗의 나라여,
가장 높은 곳에서 호산나 하더라."
(마가복음 11:9-10)

1) 예수님이 예루살렘에 들어가신 때는 어떤 명절이었나요?

2) 예수님은 예루살렘에 들어가실 때, 무엇을 타고 가셨나요?

3) 예수님이 예루살렘에 들어가실 때 사람들이 흔든 나뭇가지는 무엇인가요?

4) 예수님이 예루살렘에 들어가실 때 사람들이 외친 환호와 그 뜻은 무엇인가요?

종려가지 만들기, 호산나 행진하기

- 초록색 색지로 손모양을 그려서 '호산나'라고 적어보세요.
- 나무젓가락에 4개씩 붙여보세요.
  (모아서 큰 나무로 벽장식해요)
- 나귀, 예수님, 제자, 아이들 역할을 맡아보세요
- 종려나무 가지를 흔들며 '호산나' 찬양을 부르며 행진해 보세요.

예수님이 십자가를 지셨어요

성전을 깨끗하게 하신 예수님

마가복음 11:12–33

무화과 나무를 저주하시고 성전으로 가셨어요

베다니에서 밤을 보내신 예수님과 제자들이 아침 일찍
예루살렘으로 향했어요.
식사를 하지 못한 예수님과 제자들은 무척 배가 고팠어요.
마침 잎사귀가 무성한 무화과나무가 보여서,
가까이 가서 살펴보았어요.

"예수님, 아쉽게도 이 나무에는 열매가 하나도 없네요."
예수님이 말씀하셨어요.
"이제부터 이 나무는 영원히 열매를 맺지 못할 것이다."
돌아오는 길에 보았더니, 무화과나무는 뿌리부터 말라 죽었어요.

예수님은 제자들과 함께 예루살렘 성전에 들어가셨어요.
"쨍그랑!" "음~메! 구구구구… 매~에!"
성전 뜰에는 이윤을 남기고 돈을 바꾸어 주는 사람,
제물로 드릴 가축을 사고파는 사람들로 시끄럽고 더러웠어요.
"자, 이 동전으로 바꾸지 않으면
성전세를 낼 수 없어요!"
"이쪽으로 오세요!
제사장들이 인증한 양이나 비둘기를 팝니다!"
유월절 명절을 앞둔 성전은 마치 시장터 같았어요.

성전에서 분노하시고 하나님 말씀을 가르쳤어요

예수님은 크게 화를 내셨어요.
이렇게 화를 내시는 모습은 처음이에요.
예수님은 돈 바꾸는 상과 비둘기 파는 사람들의
의자를 엎어버렸어요.
노끈을 채찍처럼 휘둘러 양과 비둘기를 쫓아내셨어요.
물건을 사고파는 사람들을 성전 뜰에서 쫓아내셨어요.
"하나님의 집은 기도하는 집이라 하였는데,
너희는 강도의 소굴로 만들었구나!"

⊙생각해 봐요!

하나님은 바른 제물과 삶의 예배를 받기를 원하시지만, 이스라엘은 늘 하나님의 마음을 아프게 했어요.
'너희의 많은 제물이 내게 무슨 소용이 있느냐?'
(사1:11)

'너희가 내 단 위에 헛된 불을 사르지 못하도록 너희 중에서 성전 문을 닫을 자가 있었으면 좋겠다.'
(말1:10)

우리 교회는 예수님이 몸으로 제물이 되셔서 세우신 하나님의 집이고, 우리 몸은 머리되신 예수님, 성령님을 모신 하나님의 집이 되었어요.
(골1:23, 고전3:16)

하나님이 기뻐하시는 바른 예배를 드리는 교회가 되어요. 하나님이 기뻐하시는 믿음과 사랑의 삶으로 예배드려요.

예수님이 며칠 동안 성전에서 말씀을 전하실 때에
제사장들과 서기관들과 장로들은 여러 질문으로 논쟁을 벌였어요.
"당신은 무슨 권위로 이런 일을 하느냐?"
"로마 황제 가이사에게 세금을 바치는 것이 옳으냐?"
"부활 때는 혼인 관계가 어떻게 되느냐?"
"율법 중 가장 큰 계명이 무엇이냐?"

예수님은 질문에 대답해 주시고, 비유로 하나님 나라를 가르쳐 주셨어요.
마지막 하나님의 때가 오면 많은 재난이 있을 것을 말씀하셨어요.
말씀대로 사는 사람과 그렇지 못한 사람을 심판하실 것을 말씀하셨어요.
"그러므로 너희는 주의하여라. 늘 깨어서 기도하여라."

"기록된바 내 집은 기도하는 집이라
칭함을 받으리라고 하지 아니하였느냐,
너희는 강도의 소굴을 만들었도다 하시매."
(마가복음 11:17)

1) 예수님이 길가의 무화과나무를 저주하신 이유는 무엇인가요?

2) 예수님이 예루살렘 성전에서 화를 내신 이유는 무엇인가요?

3) 예수님이 성전에서 화를 내실 때 하신 말씀은 무엇인가요?

4) 나는 하나님이 기뻐하시는 예배를 잘 드리고, 열매있는 삶으로 살고 있나요?

사순절 가랜드 만들기

① 호산나 글자와 종려가지 모양을 오려서 붙여요
② 우리 교회를 그려서 붙여요
③ 두루마리나 성경책 모양 종이에 요한복음 3장 16절 말씀을 적어서 붙여요
④ 포도주와 빵 그림을 붙여요
⑤ 노끈으로 가시관을 만들어서 붙여요
⑥ 나무막대나 못으로 십자가를 만들어서 붙여요
⑦ 부활 계란을 그려서 붙여요

발을 씻어 주신 예수님

16주

요한복음 13:1-15

제자들의 발을 씻어 주셨어요

예수님의 십자가 죽으심을 하루 앞둔 저녁이었어요.
예수님과 제자들은 유월절 음식이 준비된 다락방으로 갔어요.
모두 제대로 씻지도 않고 식사를 시작하던 중이었어요.
갑자기 예수님이 자리에서 일어나셨어요. 무엇을 하시려는 걸까요?

예수님은 겉옷을 벗고, 수건을 허리에 두르고,
대야에 물을 담아왔어요.

제자들의 발 앞에 무릎을 꿇고 한 사람씩 발을 씻어주기 시작했어요.

씻고 닦고, 다시 물을 떠 와서 씻고 닦고...

제자들은 깜짝 놀랐어요.

'선생님이신 예수님께서 하인처럼 우리 발을 씻어주시다니.'

'어휴, 내 발에서는 정말 고약한 냄새가 나는데...'

베드로 차례가 되었어요. 베드로는 손을 내저었어요.

"아니예요, 예수님! 제 발은 절대로 씻기지 마십시오."

"내가 너를 씻기지 않으면, 너는 나와 상관이 없다."

예수님이 이렇게 말씀하시니, 베드로는 말했어요.

"예수님, 그러면 제 발뿐 아니라 손과 머리도 씻겨 주십시오"

예수님이 의미를 담아 말씀해 주셨어요.

"이미 목욕한 사람은 발 밖에는 더 씻을 필요가 없단다."

⦿ 생각해 봐요!

바로 다음 날의 십자가 죽음을 앞둔 예수님의 심정은 어땠을까요? 겟세마네 기도 장면을 보면 예수님도 매우 고통스러우셨죠. 그런데도 예수님은 제자들의 발 앞에 무릎을 꿇고 하나하나 씻겨 주십니다. 끝까지 섬기고 사랑하는 하나님의 마음을 행동으로 보여주셨어요.

내 발 앞에 앉아 더러운 발을 씻어주고 닦아주는 예수님을 보는 제자들의 마음은 어땠을까요? 부끄럽고 미안하고 황송하여 어쩔 줄 모르는 찡한 감동 …

제자들은 서로 섬기고 사랑하라는 예수님의 계명을 절대 잊을 수 없었을 거예요. 우리도 그 사랑을 잊지 말아요.

서로 사랑하라는 새 계명을 주셨어요

제자들의 발을 다 씻어 주신 예수님은 겉옷을 입고 다시 식탁에 앉으셨어요.

"내가 너희의 발을 씻겨 준 것처럼, 너희도 서로 발을 씻어주는 사람이 되어라."

제자들은 예수님께서 섬기는 삶의 본을 보여주신 것을 알게 되었어요.

언젠가 야고보와 요한이 예수님의 옆 자리를 구할 때에
하신 말씀을 기억했어요.

"누구든지 크고자 하는 사람은 섬기는 사람이 되고,
으뜸이 되고자 하는 사람은 모든 사람의 종이 되어야 한다.
내가 온 것은 섬김을 받으려 함이 아니라
도리어 섬기려 하고, 자기 목숨을 많은 사람의
대속물로 주기 위해서이다."

제자들의 발을 씻어 주신 예수님은 저녁 식사를 마치시며 말씀하셨어요.

"새 계명을 너희에게 주겠다. 서로 사랑하여라.
내가 너희를 사랑한 것 같이 너희도 서로 사랑하여라.
너희가 서로 사랑하면, 모든 사람이 너희를
내 제자로 알게 될 것이다."

"새 계명을 너희에게 주노니
서로 사랑하라 내가 너희를 사랑한 것 같이
너희도 서로 사랑하라."
(요한복음 13:34)

1) 마지막 저녁 식사 중에 예수님이 제자들에게 하신 일은 무엇인가요?

2) 발 씻김을 거절하다가 몸까지 씻어달라고 부탁한 제자는 누구인가요?

3) 예수님이 제자들의 발을 씻김으로 가르쳐 준 새 계명은 무엇인가요?

4) 예수님의 제자된 우리는 어떤 지도자가 되어야 할까요?

세족식

- 물, 대야, 수건을 준비하여 어린이들의 발을 하나씩 씻어주세요
- 세족 후에는 축복의 말을 하며 안아주세요

**"너는 소중하단다. 너를 사랑해.
예수님이 함께 하길 축복해"**

17주

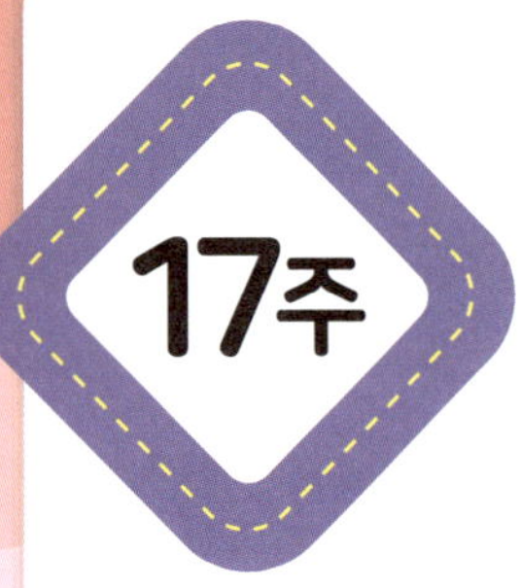

마지막 식사를 나누신 예수님

마가복음 14:12-25

제자들과 유월절 식사를 나누었어요

유대인의 큰 명절인 유월절이 되었어요.
유월절은 먼 옛날 모세 시대에 애굽에서 구원받은 날이에요.
하나님의 큰 은혜를 기억하고 감사하는 명절이었어요.

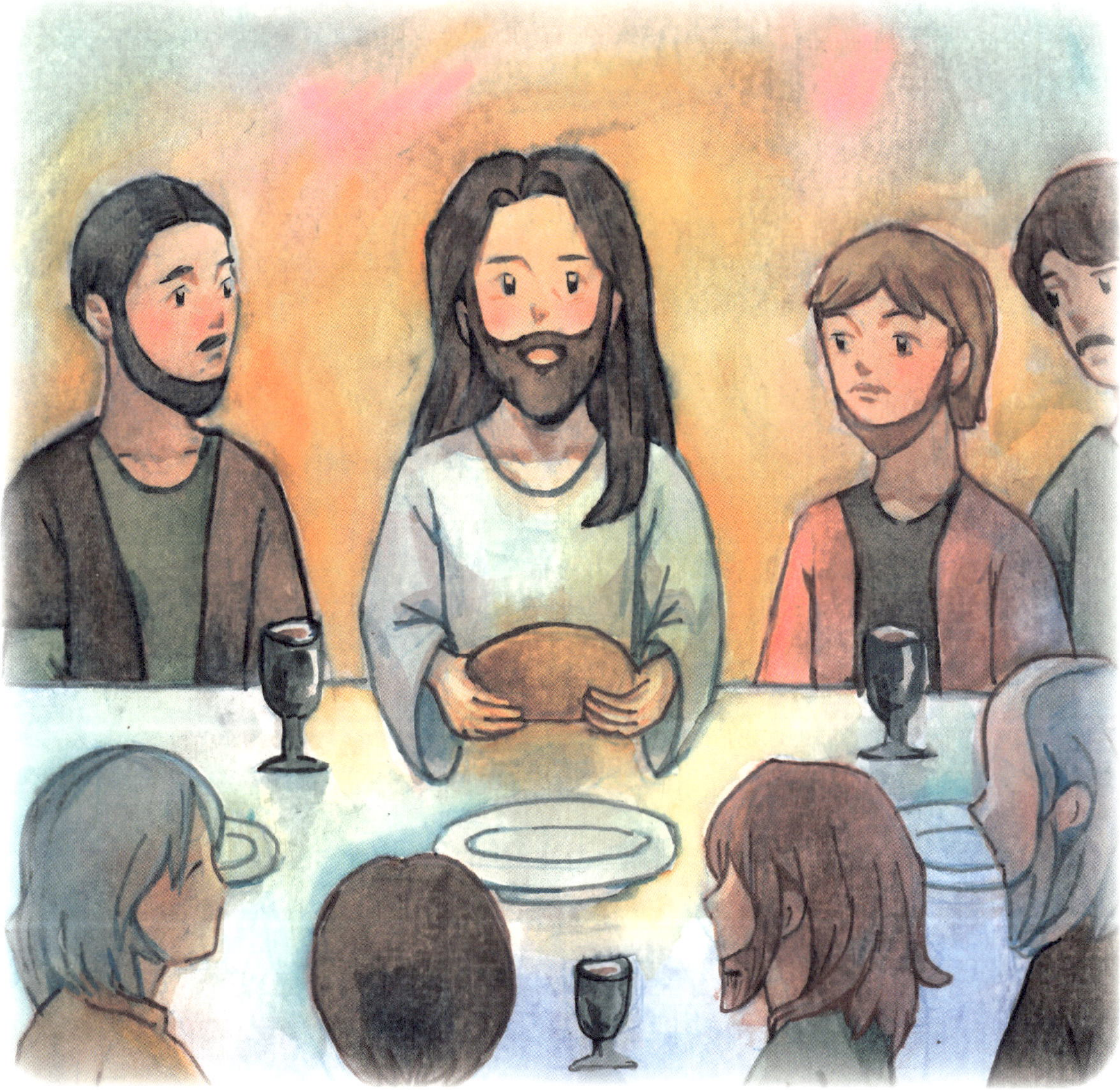

예수님이 제자 둘을 예루살렘 성 안으로 보내셨어요.

"성 안에서 물 한 동이를 가지고 가는 사람을 만나면
그를 따라가라.
그 집 주인에게 우리가 유월절 식사를 먹을 방이
있느냐고 물어보아라."

두 제자는 예수님이 말씀하신대로 물동이를 가진 사람을 따라갔어요.

그 집의 주인은 유월절 식사가 준비된 큰 다락방을 보여주었어요.

저녁 시간이 되자 예수님과 제자들이 다락방을 찾아왔어요.

유대인들의 습관대로 비스듬히 기대어 앉아

양고기와 누룩없는 떡과 쓴나물을 포도주와
함께 먹기 시작했어요.

⊙생각해 봐요!

우리는 예수님의 마지막 만찬을 기억하며 성만찬에 참여합니다.
새 날, 새 아침에 거룩한 떡을 받습니다.
죽어가던 내 영이 예수님의 몸으로 살아나는 참된 양식이 됩니다.
축복의 기도와 함께 거룩한 잔을 받습니다.
주홍빛 같은 내 죄가 예수님의 보혈로 깨끗해지는 참된 음료가 됩니다.

하루 또 하루 생명의 양식과 잔을 받습니다.
만나처럼 하늘에서 내려옵니다. 십자가 길을 따라 내려옵니다.

포도주와 떡으로 죽음을 예고하셨어요

"얘들아, 너희 중에 한 사람이
나를 팔게 될 것이다."

갑작스런 예수님의 말씀에 제자들은 놀라고
근심이 생겼어요.

"저는 아니지요?" "저도 아니예요!"

예수님은 안타까운 눈으로 가룟 유다를 보셨어요.

"나와 함께 그릇에 손을 넣는 이 사람이다.
너는 차라리 태어나지 않았더라면… 하지만 네 할 일을
속히 하여라."

유다는 식사 도중에 슬그머니 밖으로 나가
대제사장의 집으로 찾아갔어요.

"내가 잡혀가면, 너희는 모두 나를 버릴 것이다."
이어지는 예수님의 말씀에 베드로가 자신만만하게 대답했어요.
"모든 사람이 예수님을 버릴지라도, 저는 절대 그러지 않을 것입니다!"
하지만 예수님이 말씀하셨어요.
"오늘 밤 닭이 두 번 울기 전에, 네가 세 번
나를 부인할 것이다."

예수님은 유월절의 떡을 들어 축복기도를 하신 후에 제자들에게
떼어 주셨어요.
"받아 먹으라. 이것은 내 몸이다."
또 포도주 잔을 들어 감사기도를 하신 후에 제자들에게 주셨어요.
"이 잔은 많은 사람을 위하여 흘리는
나의 피 곧 언약의 피이다."
제자들은 예수님의 십자가 죽음 후에야 이 모든 말씀을 깨닫게 되었어요.

"이르시되 이것은 많은 사람을 위하여
흘리는 나의 피 곧 언약의 피니라."
(마가복음 14:24)

1) 예수님이 제자들과 함께 마지막으로 나누신 식사는 어떤 명절을 기념하는 식사였나요?

2) 유월절에 먹었던 음식은 무엇무엇인가요?

3) 예수님을 절대 떠나지 않겠다는 베드로에게 예수님은 어떤 예언을 하셨나요?

4) 예수님은 마지막 유월절 식사에서 떡과 포도주에 어떤 의미를 넣어주셨나요?

유월절 식사 체험

- 포도즙, 양고기, 쓴나물, 무교병, 샐러리, 소금물, 구운 계란, 견과강정을 준비해요 (포도즙, 양고기, 쓴나물, 무교병 만 준비해도 됩니다)
- 유월절의 유래와 각 음식의 의미를 설명하고 순서를 따라 하나씩 먹어요
- 예수님의 마지막 만찬과 성만찬을 설명하고 떡과 포도즙을 먹어요

겟세마네에서 기도하신 예수님

마가복음 14:32–50, 66–72

감람산 겟세마네에서 기도하셨어요

유월절 저녁 식사를 마친 예수님과 제자들은 찬양하며
예루살렘 근처 감람산 겟세마네 언덕으로 올라갔어요.
예수님은 베드로, 야고보, 요한을 데리고 더 깊은 곳으로 옮겨갔어요.
예수님의 얼굴은 매우 슬프고 괴로워 보였어요.
"얘들아, 내가 기도하는 동안에 너희도 함께 기도하여라."
예수님은 땅바닥에 엎드려 기도하기 시작하셨어요.

"아빠 하나님, 아버지께서는 모든 일을 하실 수 있으시니 될 수 있으면 내게서 이 잔을 거두어 주십시오.
그러나 내가 원하는대로 마시고, 아버지의 뜻대로 하옵소서."
예수님은 땀이 피처럼 흘러내릴 만큼, 간절하게 오랜 시간 기도하셨어요.

"쯧쯧.. 얘들아, 나와 함께 한 시간도 기도할 수 없더냐?
너희도 시험에 들지 않게 깨어 기도하여라."
예수님이 곤히 잠든 제자들을 깨우셨을 때,

제자들은 무척 부끄러웠어요. 하지만 예수님이 한참 기도하신 후에

돌아보니 또 자고 있었어요.

세 번째 기도하신 후에는 제자들을 깨우시며 말씀하셨어요.

"그래, 마음은 원하지만 몸이 못 이기는구나.
그만 일어나라,
이제 때가 왔으니 함께 내려가자."

대제사장의 집으로 잡혀갔어요

아직 어둠이 가시지 않은 산 아래에는

대제사장과 장로들이 보낸 무리가 칼과 몽치를 가지고

예수님을 기다리고 있었어요.

가룟 유다가 예수님께 다가와 입을 맞추었어요.
'이 사람이 바로 나사렛 예수이니 잡으라'는
신호였어요.

예수님이 잡히신 후 가룟 유다는 은 30을 제사장의

뜰에 던져버리고 나가서 스스로 목 매어 죽고 말았지요.

⊙생각해 봐요!

인간으로 오신 예수님은 세상의 모든 죄를 지고 받으실 십자가 죽음의 고통이 너무나 큰 것을 아셨어요. 그래서 하나님의 뜻대로 순종할 힘을 얻기 위해 밤새워 간절하게 기도하셨어요. 예수님도 하나님의 뜻을 이루기 위해서 기도의 본을 보이셨어요.
제자들은 예수님의 마음, 예수님이 받으실 고통을 잘 알지 못했어요. 죽으심의 예언도 흘려 들었어요. 그래서 예수님처럼 간절한 마음으로 깨어 기도하지 못했어요.

예수님은 마지막 때를 살아가는 우리에게 말씀하셔요.
"너희도 깨어 있으라. 그 날과 그 시는 아무도 모른다."

베드로는 예수님을 잡으려는 대제사장의 종 말고의 귀를 칼로 쳤다가 예수님께 꾸중을 들었어요.

"이것까지 참으라. 칼은 칼로 망한다."

다른 제자들은 예수님과 함께 잡힐 것이 두려워 모두 도망갔어요.

베드로는 예수님의 뒤를 멀찍이 따라서 대제사장의 집에 들어갔어요.
그러나 베드로를 알아보는 사람들에게 예수님을 모른다고 부인했어요.

"나는 그와 상관이 없어요."
"나는 절대 아니에요."
"맹세코 나는 예수를 알지 못합니다."

그 때 어디선가 닭이 길게 소리내어 울었어요.
베드로는 예수님의 말씀을 기억하고 매우 통곡했어요.

"이르시되 아빠 아버지여 아버지께는
모든 것이 가능하오니 이 잔을 내게서 옮기시옵소서.
그러나 나의 원대로 마옵시고
아버지의 원대로 하옵소서 하시고"
(마가복음 14:36)

1) 예수님이 마지막 식사를 하시고 제자들과 함께 가신 곳은 어디인가요?

2) 예수님의 마지막 밤에 가까이 두고 깨어 기도하라는 말씀을 들은 제자는 누구 누구인가요?

3) 예수님이 잡히실 때 배신한 제자, 예수님을 부인한 제자는 누구인가요?

4) 예수님의 겟세마네 기도에서 배울 수 있는 기도의 자세는 무엇인가요?

기도터에서 기도 노트적기

- 기도상, 기도카드, 노트, 방석을 준비하여 따로 기도터를 만들어요
- 교사와 어린이들이 교회올 때마다 기도노트에 기도 내용을 적고, 기도하는 훈련을 해요
- 일정 기간이 지난 후 가장 성실한 기도자에게 시상을 해요

19주 십자가에서 죽으신 예수님

마가복음 15:1-41

로마 총독 빌라도가 예수님을 재판했어요

유대인의 종교지도자였던 제사장들과 장로들과 서기관들은
예수님을 심문하다가 로마 총독 빌라도에게 넘겼어요.
유대 분봉왕 헤롯도 빌라도에게 재판을 넘겼어요.
빌라도는 예수님에게 죄가 없다는 걸 알고 있었어요.
"명절에는 죄수 한 사람을 놓아줄 수 있소.
유대인의 왕이라 하는 예수와 민란을 일으키고 살인한
바라바 중에 누구를 놓아주면 좋겠소?"
"바라바를 놓아주시오!" "예수를 십자가에 못 박으시오!"
빌라도는 모여든 사람들의 외침에 굴복했어요.

"자기가 세상의 왕이라구? 그렇다면 왕관이 필요하겠군."
로마 군인들은 예수님께 자색 옷을 입히고,
가시로 만든 관을 씌우며 조롱했어요.
옷을 벗기고 쇳조각이 달린 채찍으로 수십 차례 내리쳤어요.
예수님은 십자가를 메고 피를 흘리고 쓰러지며,
골고다 언덕으로 올라갔어요.
구레네 사람 시몬이 군인들에게 잡혀 예수님 대신
십자가를 메고 올라갔어요.
십자가 위에는 '유대인의 왕'이란 죄패가 붙었어요.

골고다에서 십자가에 못 박혀 돌아가셨어요

해골 골짜기 골고다 언덕에 예수님이 못 박히신
십자가가 높이 세워졌어요.
따라온 여인들은 슬피 울고,
모여든 사람들은 예수님을 조롱했어요.
"남은 구원한다더니 자기는 구원하지
못하는구나, 으하하하!"
십자가에 달리신 예수님은 용서의 기도를 드렸어요.
"아버지여, 저들을 용서하여 주옵소서."

⊙생각해 봐요!

진리보다 불의가 강해보이고 선보다 악이 승리하는 듯한 그 날에,
어둠이 빛보다 짙어보이고 죽음이 생명을 이기는 듯 한 그곳에서..
이마 위엔 붉은 핏방울이 반짝이고, 옆구리의 피와 물은 낮은 곳으로 흐르고 흘러 손과 발은 검붉은 피로 물들었는데..
엘리 엘리 나의 하나님 나의 하나님 어찌하여 나를 버리시나이까? 목마르게 외치던 음성도 얕은 신음으로 잦아드는데..

다 이루었다! 알파와 오메가 처음이요 마지막 사랑으로 어린 양의 혼인잔치가 예비되었다 선포하시니.
어느 날, 어느 곳에서 나도 조용히 읊조리며, 신랑되신 예수님 만나러 갈 수 있을까요? 다 이루었다고.

예수님과 함께 못 박힌 두 강도 중의 한 사람이 회개했어요.

예수님은 그 강도에게 하나님 나라를 약속해 주셨어요.

"오늘 네가 나와 함께 낙원에 있을 것이다."

예수님의 십자가 곁에 제자 요한과 어머니 마리아가 다가왔어요.

예수님은 요한에게 어머니를 부탁했어요.

"어머니 보세요. 아들입니다." "보라. 네 어머니다."

시커멓게 몰려온 어둠 속에서 예수님의 고통에 찬 음성이 들려왔어요.

"엘리 엘리 라마 사박다니! 나의 하나님 나의 하나님,
어찌하여 나를 버리셨나이까!" "내가 목마르다!"

여섯 시간이 흐른 후에 예수님은 마지막 말씀을 남기고 숨을 거두셨어요.

"다 이루었다." "아버지여, 내 영혼을 아버지 손에 맡깁니다."

로마 군인이 창으로 예수님의 옆구리를 찔렀어요. 피와 물이 흘러나왔어요.

예수님이 돌아가시는 순간, 성전의 휘장이 둘로 나뉘었어요.

십자가 곁에서 지켜보던 로마 군대의 백부장이 말했어요.

"이 사람은 참으로 하나님의 아들이셨다."

"인자가 온 것은 섬김을 받으려 함이 아니라 도리어 섬기려 하고, 자기 목숨을 많은 사람의 대속물로 주려 함이니라."
(마가복음 10:45)

1) 예수님을 재판한 로마 총독의 이름은 무엇인가요?

2) 예수님이 십자가에 못 박힌 곳은 어디인가요?

3) 로마의 백부장은 예수님이 숨을 거두신 후 어떤 말을 하였나요?

4) 십자가에서 남기신 예수님의 말씀(가상칠언)을 찾아보세요.

① 누가복음 23:34
② 누가복음 23:43
③ 요한복음 19:26,27
④ 마태복음 27:46, 마가복음 15:34
⑤ 요한복음 19:28
⑥ 요한복음 19:30
⑦ 누가복음 23:46

딱지접기로 십자가 꾸미기

- 색종이로 작은 딱지를 여러 개 접어서 만들어요
- 두꺼운 종이나 강단 십자가에 접은 딱지를 붙여서 십자가를 꾸며요

부활하신 예수님

마가복음 15:42–16:13, 요한복음 20:1–29

안식 후 첫날에 다시 살아나셨어요

“총독 각하! 예수님의 시신을 내어주시면
제가 장사지내고 싶습니다.”

골고다 언덕 십자가에 달리신 예수님이 숨을 거두신 늦은 오후, 공회 회원 아리마대 사람 요셉이 빌라도 총독을 찾아왔어요. 요셉은 예수님의 시신을 새 돌무덤에 장사지내고 큰 돌로 막았어요. 빌라도는 경비병을 보내 무덤을 지키게 했어요.

안식일이 지난 다음 날 이른 새벽, 예수님 무덤을 찾아오는 여인들이 있었어요.

막달라 마리아와 야고보의 어머니 마리아와 살로메였어요.

"무덤을 막아놓은 큰 돌을 어떻게 열지?
예수님의 시신에 향유를 발라 드려야 하는데…"

순간 땅이 크게 흔들리더니, 무덤을 막았던 돌문이 열렸어요.
그곳에 눈부시게 흰 옷을 입은 한 천사가 앉아서 말했어요.

"놀라지 말아라.
십자가에 못 박히신 나사렛 예수를 찾는구나.
그가 살아나셨고 여기 계시지 않는다."

부활하셔서 제자들을 만나 주셨어요

막달라 마리아는 예수님이 다시 살아나셨다는 것을 믿지 못하고, 무덤 앞에서 울고 있었어요.
그 때 부활하신 예수님이 마리아를 만나주셨어요.
마리아는 제자들이 모여 있는 곳으로 달려갔어요.

"예수님이 다시 살아나셨어요!
제가 예수님을 만났어요."

베드로와 요한이 무덤으로 찾아가 보았어요.
무덤은 비어있고, 시신을 쌌던 세마포만 놓여 있었어요.

그 날 저녁, 엠마오로 가고 있던 글로바와 다른 제자도 예루살렘으로 되돌아와서 말했어요.

"우리가 길에서 부활하신 예수님을 만났어!
예수님이 떡을 가지고 기도하고 우리에게 주셨는데,
그제서야 알아보고 깜짝 놀랐지 뭐야!"

⊙생각해 봐요!

예수님은 죽으시고 부활하실 것을 예루살렘으로 오시면서 세 번, 마지막 만찬에서도 말씀하셨어요. 그러나 여인들도 제자들도 부활하신 예수님을 확실히 만나기 전에는 부활 소식을 믿지 못했어요. 부활하신 예수님을 만난 후에는 참 믿음의 용기를 얻고, 소망을 가지고 십자가와 부활을 전하는 사람이 되었어요.

우리에게도 예수님의 십자가 죽음과 부활의 복음이 왔어요. 우리에게도 성령의 은혜를 주셔서 죽음에서 생명으로, 절망에서 소망으로, 의심에서 믿음으로 변화되었어요. 오늘도 살아계신 예수님과 함께 십자가와 부활의 복음을 전하며 살아요!

"정말 예수님이 부활하신걸까?"

제자들이 놀라워하고 있을 때에 닫힌 문 안으로 예수님이 찾아왔어요.

"샬롬! 너희에게 평강이 있을지어다."

이날 자리에 없었던 도마는 소식을 듣고 말했어요.

"난 예수님 손의 못 자국과 옆구리의 창 자국에
내 손을 넣어보지 않고는 절대 믿을 수 없어."

여드레를 지난 후, 예수님이 다시 오셔서 도마에게 손바닥을
펼쳐 보여주셨어요.

"오, 나의 주님, 나의 하나님!"

도마의 고백에 예수님이 말씀하셨어요.

"너는 나를 보고야 믿느냐?
보지 못하고 믿는 사람이 더 복이 있다."

"그가 여기 계시지 않고 그가 말씀 하시던대로
살아나셨느니라.
와서 그가 누우셨던 곳을 보라."
(마태복음 28:6)

1) 마가복음에는 예수님의 돌무덤을 처음 찾아간 여인들이 누구였다고 전하고 있나요?

2) 다음 사람들은 누구일까요?

① 빌라도에게 청하여 예수님을 자기 돌무덤에 장사지냈어요.
② 무덤을 찾아갔다가 부활하신 예수님을 처음 만났어요.
③ 무덤에 가서 예수님이 없어지고 세마포만 남은 것을 확인했어요.
④ 엠마오로 내려가는 길에서 부활하신 예수님을 만났어요.
⑤ 예수님 손과 발에 손가락을 넣어봐야 믿겠다고 했지만,
부활하신 예수님을 만났어요.

3) 예수님의 부활을 처음 알게 되었을 때 제자들의 반응을 보면서, 나는 어떤 반응을 보이는지 나누어 보세요.

4) 예수님의 제자된 우리는 어떤 지도자가 되어야 할까요?

돌무덤 꾸미기

- 화분받침, 화분, 돌멩이, 이끼, 조화, 나무막대, 클레이점토를 준비해요.
- 클레이점토로 천사와 제자를 만들어요.
- 준비된 재료로 돌무덤을 꾸며보아요.

니고데모

요한복음 3:1-15, 7:45-52

니고데모가 밤중에 예수님을 찾아왔어요

공회원이었던 바리새인 니고데모는
최근 예수님에 대한 소문을 많이 들었어요.
예수님이 하신 놀라운 일들과 예수님이 가르치신 말씀에
호기심이 생겼어요.
니고데모는 다른 사람들의 눈을 피하여
밤중에 혼자서 예수님이 계신 곳에 찾아 왔어요.

"예수님! 저는 예수님이 하나님께로부터
오신 선생님인줄 압니다."

예수님은 니고데모가 묻고 싶은 질문을 말하지 않아도 아셨어요.

'저는 율법을 지키고 가르치는 바리새인입니다. 저는 존경받는 공회원 중의 한 사람입니다. 그러니 당연히 하나님 나라에 갈 수 있겠지요?'

예수님은 가만히 니고데모를 보시더니 말씀하셨어요.

"누구든지 거듭나지 않으면,
다시 태어나지 않으면 하나님 나라를 볼 수 없다."

니고데모는 이 말씀을 이해할 수 없었어요.

"이미 다 크고 늙은 사람이 어떻게 다시 태어날 수 있습니까?"

"육신으로 다시 태어나는 것이 아니라 영이 물과 성령으로
다시 태어나야 하나님 나라에 들어갈 수 있다."

거듭남과 십자가 복음을 가르쳐 주셨어요

예수님은 니고데모에게 모세 시대의 일을 들려주셨어요.

"하나님을 원망하다가 불뱀에 물려 죽게 된
사람들을 위해 모세가 기도했더니,
하나님은 불뱀 모양을 놋으로 만들어 장대 높이
달라고 하셨다. 믿음으로 그 놋뱀을 바라보는 사람은
살게 되었지."

니고데모도 잘 아는 이야기였어요.

계속해서 예수님이 말씀하셨어요.

"그 놋뱀처럼 나도 장대에 달려야 한단다.
하나님이 세상을 사랑하셔서 나를 보내셨는데,
나를 믿는 사람마다 영원한 생명으로
구원을 얻게 하기 위해서이다."

⦿생각해 봐요!

우리는 니고데모의 작은 용기에 주목해 봅니다. 비록 밤이었지만 진리를 찾아 한 걸음을 내디뎠지요. 그래서 거듭남의 복음과 가장 잘 알려진 구원의 복음, 요한복음 3장 16절 말씀을 받게 됩니다.
또 니고데모가 바로 예수님을 따르는 제자가 되지는 않았지만, 바리새인들 앞에서 예수님 편을 들어주고 예수님의 장례를 도와 주었던 일도 주목해 봅니다.
예수님 부활 후에는 온전한 제자로 살다가 순교했다는 이야기도 전해지네요.

우리도 니고데모처럼 예수님을 찾아와 간절한 마음으로 말씀을 듣고 진리를 구하면 구원의 복음을 받아 빛의 자녀가 될 수 있어요.

니고데모의 이야기는 이날 밤으로 끝나지 않아요.
초막절 명절에 예수님이 예루살렘 성전에서 말씀을 전하실 때,
대제사장들과 바리새인들은 예수님을 죄인으로 잡고자 했어요.
니고데모가 나서서 예수님을 변호했어요.
"그 사람의 말을 들어 보거나 한 일을 제대로 알아 보지도 않고,
죄인으로 단정하는 법이 어디 있소?"

예수님이 십자가에서 죽으셨을 때,
니고데모는 아리마대 사람 요셉을 도와 많은 몰약과
침향을 가져와 예수님을 장사지냈어요.

"예수께서 대답하시되 진실로 진실로 네게 이르노니 사람이 물과 성령으로 나지 아니하면 하나님 나라에 들어갈 수 없느니라."
(요한복음 3:5)

1) 밤중에 예수님을 찾아와 하나님 나라의 비밀에 대해 배운 사람은 누구인가요?

2) 예수님은 어떤 사람이 하나님 나라에 갈 수 있다고 말씀하셨나요?

3) 모세시대에 이스라엘이 불뱀의 심판을 받았을 때, 살아난 사람은 무엇을 바라보았기 때문인가요?

4) 요한복음 3장16절과 17절을 읽어보세요. 예수님이 이 세상에 오신 이유는 무엇인가요?

색깔 복음연극 & 복음부채

- 부직포로 색깔옷을 만들고 대본을 준비해요
- 교사들이 색깔별 역할을 맡아 연극으로 메시지를 전해요
  ① 노란색 : 하나님나라 ② 검은색 : 죄
  ③ 빨간색 : 예수님 십자가 ④ 하얀색 : 믿음 구원
  ⑤ 초록색 : 성장, 전도
- 색깔부채 만들기로 복음 메시지를 복습해요

예수님이 만나 주셨어요

수가성 사마리아 여인

요한복음 4:5-42

수가성 우물가에서 한 여인을 만났어요

'어휴, 더워라! 지금쯤 우물가에는 아무도 없겠지?'
햇볕이 내리쬐는 한낮에 사마리아 수가 마을에서 한 아주머니가
물동이와 두레박을 들고 우물가로 향하고 있었어요.
"여보세요, 아주머니! 나에게 물 좀 떠 주시오."
제자들은 먹을 것을 구하러 마을로 들어가고, 혼자 우물가에
앉아 쉬던 예수님이 말을 걸자 아주머니는 깜짝 놀랐어요.
유대 사람들은 이방인과 혼혈이 된
사마리아 사람을 무시하고 피하였거든요.

“당신은 유대인 남자인데,
어찌하여 사마리아 여자에게 물을 달라고 하십니까?”

“만약 내가 누구인지 알았더라면,
오히려 나에게 생수를 달라고 했을 것이다.”

“두레박도 없이 어떻게 이 깊은 우물의 물을 줄 수 있습니까?”

“마셔도 마셔도 다시 목마른 이 물과 달리
내가 주는 물은 영원히 목마르지 않는 물,
속에서 영원히 솟아나는 샘물이다.”

아주머니는 예수님의 말씀을 잘 이해할 수 없었어요.

‘영원히 목마르지 않는 물?
그러면 다시 물을 길러 오지 않아도 된다는 말인가?’

“선생님, 그러면 그 물을 저에게 주십시오.”

메시야 되심과 참 예배를 가르쳐 주셨어요

예수님은 아주머니가 생각하는 신기한 물을 주시지는 않았어요. 그 대신 아주머니가 지금까지 살아온 삶을 이야기하셨어요.

“당신은 전에 남편 다섯이 있었고,
지금 같이 있는 자는 네 남편이 아니구나.”

“당신은 선지자 같군요. 궁금한 것이 있어요.
우리가 예배를 어디서 드리면 좋을까요?
예루살렘인가요? 사마리아 산인가요?”

“이 산이나 예루살렘이 아니라,
하나님 아버지는 영과 진리로 참되게
예배하는 자를 찾아주신다.”

⊙ 생각해 봐요!

예수님을 만난 니고데모는 많은 것을 가진 사람이었고, 수가성의 여인은 사마리아 사람으로 가난하고 연약한 여인이었어요. 니고데모는 자기가 예수님을 찾아갔고, 수가성 여인은 예수님이 직접 찾아가서 만나주셨어요.
세상에서는 인종과 남녀와 빈부와 배움을 구별하고 의를 인정받거나 죄인이라고 손가락질 받거나 하지만, 예수님은 세상 모두를 사랑하시고 구원하시는 분이심을 나타내셨어요.

영과 진리로 예배하는 모든 사람들을 찾아오시는 하나님! 구원의 예수님을 만나면 영원히 솟아나는 은혜의 샘물을 마실 수 있어요.

수가성 아주머니는 우물가의 예수님이 기다리던
메시야이신 것을 알게 되었어요.
아주머니는 가슴이 뛰었어요. 물동이를 버려두고 마을로 달려갔어요.
그동안의 부끄러움도 잊어버리고 큰 소리로 외치기 시작했어요.
"여러분! 제가 우물가에서 메시야를 만났어요!
그 분은 저에 대한 모든 것을 알고 계셨어요. 어서 와 보세요!"

수가 마을 사람들이 하나 둘 우물가로 모였어요.
예수님이 전해주시는 하나님 나라 복음을 귀 기울여 들었어요.
예수님과 제자들을 마을로 초청하여 이틀이나 더 말씀을 들었어요.
수가성 사람들이 아주머니에게 말했어요.
"우리도 이제 예수님이
세상의 구세주 메시야이신 것을 믿어요!"

"내가 주는 물을 마시는 자는 영원히 목마르지 아니하리니, 내가 주는 물은 그 속에서 영생하도록 솟아나는 샘물이 되리라."
(요한복음 4:14)

1) 예수님이 한 사마리아 아주머니를 만난 곳은 어디인가요?

2) 예수님은 수가성 아주머니에게 어떤 물을 주겠다고 말씀하셨나요?

3) 예수님을 만나 메시야이심을 알게 된 아주머니는 어떻게 했나요?

4) 나는 영과 진리로 예배를 드리며, 내 속에는 영생의 샘물이 솟아나고 있나요?

감사 음료수 전하기

- 시원한 음료수를 준비해요
- '감사합니다' '행복하세요' '힘내세요' 등의 메시지가 있는 라벨스티커를 붙여요
- 교회 내에서 수고하시는 분 또는 이웃 사람에게 전해요

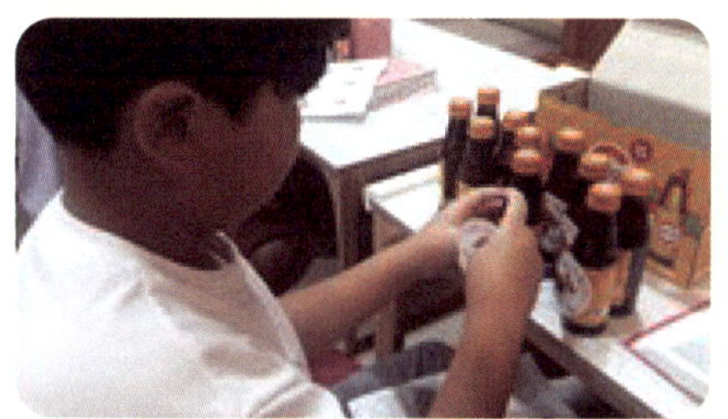

베데스다 병자

요한복음 5:1-18

베데스다 연못가에서 38년 된 병자를 만났어요

여기는 어디일까요?
기둥이 세워진 다섯 개의 행각과 깊은 연못가에는
눈 먼 사람들, 다리 저는 사람들,
중풍 환자들 등 수많은 병자들이 누워있어요.
예루살렘 성전 양문 곁의 이 연못은
자비의 집이라는 뜻을 가진 베데스다 연못이었어요.
이 연못가에는 왜 이렇게 많은 병자들이 누워있었을까요?
전설처럼 전해오는 기적 이야기가 있었기 때문이에요.

'이 연못의 물이 가끔 출렁이며 움직일 때는 천사가 내려온 것이다. 그때 제일 먼저 물에 들어가는 사람은 어떤 병이든지 낫게 된다.'

명절에 예루살렘 성전에 오신 예수님이 베데스다 연못에 찾아오셨어요.
예수님은 많은 병자들 사이에 누워있는 한 병자 곁으로 다가갔어요.
예수님과 병자의 눈이 마주쳤어요.

"네가 낫고 싶으냐?"

"선생님, 물이 움직일 때 연못에 들어가도록 나를 도와주는 사람이 없습니다. 그래서 다른 사람들이 먼저 물속에 들어갑니다."

이 사람은 병에 걸린지 38년이나 지났어요.
어떤 병에 걸렸는지, 연못가에는 몇 년 동안 머물렀는지 알 수 없어요.
그저 자신은 왜 물에 들어갈 때 도와줄 사람이 없는지,
남보다 먼저 들어가지 못하는지를 원망하고
예수님께 호소했어요.

◉생각해 봐요!

너무 힘들어서 눈뜨기 싫은 아침, 할 일이 많거나 할 일이 없어서 지루한 오후, 그냥 흘러간 하루가 맥 빠지는 저녁... 오늘이 어제 같고 내일이 오늘 같아서 죄스럽고 불안한 자리, 여기서 꼼짝없이 죽을 것만 같은 자리... 살다보면 이럴 때가 많답니다.
베데스다 연못가 같은 그 곳에서 우리는 예수님의 눈과 마주칩니다. 예수님이 말을 걸어주십니다. 손을 내밀어 주십니다.

"얘야, 보고 싶었어, 그동안 많이 애썼지, 내 손 잡고 다시 일어나봐. 묵은 자리 털고 일어나봐, 고통의 자리는 들고 걸어가봐. 굳이 뛰지 않아도 억지로 날지 않아도 돼. 그저 나와 같이 천천히 걸어가 보자."

일어나 네 자리를 들고 걸어가라 하셨어요

예수님이 말씀하셨어요.

"일어나 네 자리를 들고 걸어가거라."

그 순간에 38년 된 병자의 병이 말끔히 나았어요.
벌떡 혼자 일어날 힘이 생겼어요.
예수님 말씀대로 그동안 깔고 누워있던
낡은 자리를 들고, 씩씩하게 집으로 걸어갔어요.
그런데 주위 사람들이 책망했어요.
"오늘은 안식일이니
자리를 들고 가는 것은 옳지 않소."

"내 병을 고치신 분이 내게 자리를 들고 걸어가라고 하셨소."

"당신에게 자리를 들고 걸어가라고 말한 사람이 대체 누구요?"

병이 나은 사람은 아직 예수님의 이름을 알지 못했어요.

며칠 후, 이 사람은 성전에서 다시 예수님을 만났어요.

"네가 다 나았구나. 더 심한 병이 생기지 않도록 다시는 죄를 짓지 마라."

이제 이 사람은 예수님이 누구신지 알게 되었어요.

하지만 유대인들은 안식일에도 병을 고쳐주신 예수님을 좋지 않게 보았어요. 예수님이 말씀하셨어요.

"내 아버지께서 지금까지 일하고 계시니, 나도 일한다."

"예수께서 이르시되 일어나
네 자리를 들고 걸어가라 하시니"
(요한복음 5:8)

1) 베데스다 연못가에 있는 행각에는 왜 많은 병자들이 몰려들었나요?

2) 38년 된 병자에게 예수님이 하신 첫 말씀은 무엇인가요?

3) 38년 된 병자에게 예수님이 하신 두 번째 말씀은 무엇인가요?

4) 예수님이 병자를 고쳐주셨는데도, 유대인들이 좋지 않게 보고 죽이고자 한 이유는 무엇인가요?

나라 위한 기도카드

- 우리나라 지도나 태극기를 준비해요
- 기도 카드에 우리나라에서 고쳐주시기를 위한 기도를 적으세요
- 기도카드를 지도에 붙입니다 (정치, 경제, 교육, 사회, 평화통일, 환경 등)

바디매오와 실로암 맹인

마가복음 10:46-52, 요한복음 9:1-12

예수님이 바디매오의 눈을 뜨게 하셨어요

"도와 주세요! 저는 맹인이어서 일을 못해요."

여리고 마을, 디매오의 아들 바디매오는 매일 길가에 앉아 구걸했어요.

어느 날, 갑자기 길 주변이 매우 소란스러워졌어요.

"여보시오, 무슨 일이 생겼어요?"

"아, 나사렛 예수가 우리 마을에 오셨다네."

"어떤 병자든지 고치시고 살리신다는 그 예수님 말이요?"

바디매오는 가슴이 뛰기 시작했어요. 하지만 앞이 보이지 않아 예수님이 어디 계신지 알 수 없었어요. 바디매오는 앉은 채로 크게 외쳤어요.

"다윗의 자손 예수님! 저를 불쌍히 여겨 주세요!"

"시끄러워! 좀 조용히 하시오."

사람들이 꾸짖었지만, 바디매오는 쩌렁쩌렁 더 큰 소리로 외쳤어요.

"예수님, 저를 불쌍히 여겨 도와주세요! 도와주세요!"

예수님이 바디매오의 목소리를 들으시고 부르셨어요.

바디매오는 겉옷을 내버리고 뛰어 일어나 예수님께 다가갔어요.

"내가 너에게 무엇을 도와 주었으면 좋겠느냐?"

"예수님, 저는 눈을 뜨고 싶어요."

"그래, 네 믿음이 너를 구원하였다."

눈을 뜨게 된 바디매오는 그때부터 예수님을 따라갔어요.

⊙생각해 봐요!

예수님을 만나 우리의 닫힌 눈, 닫힌 마음을 열어달라고 간절하게 구해보세요.

"예수님, 우리의 마음 눈도 뜨게 해 주셔요.
하나님을 모르는 친구들의 마음 눈을 열어 하나님을 알게 해 주셔요.
하나님 나라를 마음으로 보고 찬양하게 해 주셔요.
사랑해야 할 사람을 보고 도와주게 해 주셔요.
하나님 말씀을 깨달을 수 있는 마음의 눈도 뜨게 해 주셔요."

이제 예수님이 말씀하시고 손대어 주시면 우리 눈이 열리고 빛이 들어오고 말씀이 들어오고, 하늘이 열리고 사랑에 눈을 뜨게 될 것입니다. 날마다 씩씩하게 걷는 걸음마다 빛이신 예수님을 증거하며 살게 될 것입니다.

실로암 못에 씻은 맹인이 눈을 떴어요

예루살렘에도 날 때부터 맹인된 사람이 구걸을 하고 있었어요.

예수님과 함께 길을 가던 제자들이 그를 보고 질문했어요.

"이 사람이 맹인으로 태어난 것은 자기 죄 때문입니까? 부모의 죄 때문입니까?"

"누구의 죄 때문도 아니라,
이 사람을 통해 하나님이 하시는 일을
나타내려고 하시는 것이다."

예수님은 땅에 침을 뱉아 진흙을 개었어요.
그 흙을 맹인의 눈에 바르시고 말씀하셨어요.
"실로암 연못에 가서 씻으라."
실로암에 가서 눈을 씻은 맹인은 눈이 밝아져 보게 되었어요.

"아니, 당신은 날 때부터 맹인이었는데... 어찌?" "진짜 그 사람이 맞나?"
여러 사람들이 궁금해하자, 눈을 뜨게 된 맹인이 말했어요.
"예수라는 분이 진흙을 이겨 내 눈에 바르고
실로암에 가서 씻으라 하시길래 그대로 했더니 내가 보게 되었어요.
그 분이 하나님께로부터 오지 아니하였다면
이런 일을 할 수 없었을 거예요."
눈을 뜨게 된 맹인은 예수님을 다시 만나서 고백했어요.
"주님, 내가 주님을 믿습니다."

"이르시되 실로암 못에 가서 씻으라 하시니,
이에 가서 씻고 밝은 눈으로 왔더라."
(요한복음 9:7)

1) 다음의 문장이 맞으면 O표, 틀리면 X표를 하세요.

- 예수님은 병든 사람을 보시면 불쌍히 여기셨어요. ( )
- 바디매오는 맹인이었지만 거지는 아니었어요. ( )
- 병든 사람은 자기 죄 때문에 벌을 받은 것이에요. ( )
- 눈에 진흙을 발라준 맹인에게 실로암 연못에 가서 씻으라고 하셨어요. ( )
- 예수님은 우리 마음의 눈을 뜨게 하실 수 있어요. ( )

2) 여리고에 살았던 맹인으로 예수님을 만나 눈을 뜨게 된 사람은 누구인가요?

3) 예수님이 눈에 진흙을 발라준 맹인은 어디로 가서 그 눈을 씻었나요?

4) 예수님은 많은 눈먼 자를 고쳐주셨어요. 어떤 의미가 있을까요?

1) 눈가리고 물건찾기

- 풍선 속에 몇 가지 물건을 섞어서 바닥에 늘어놓아요
- 각 팀의 한 사람은 눈을 가리고, 한 사람은 인도해주는 사람이 됩니다.
- 진행자가 지시하는 물건을 인도자의 말을 들으며 눈을 가린 사람이 빨리 찾으면 승리!

2) 눈가리고 간식 먹여주기

- 각 팀원 전체가 한 줄로 앉아요
- 비스켓 종류의 간식을 출발선에서 한 개씩 집어 옆으로 전달합니다.
- 첫 간식은 받으면 먹고, 먹은 다음부터의 간식은 옆으로 전달해요
- 마지막 사람까지 전달하여 먹은 시간을 체크해서 빠른 팀이 승리!

삭개오

누가복음 19:1-10

세리장 삭개오는 예수님이 보고 싶었어요

"쾅쾅쾅! 이봐요! 밀린 세금 언제 낼거요!"
여리고 마을의 삭개오는 이스라엘을 침략한 로마 나라에 세금을 거두어 바치는 세리장이었어요. 세금을 바칠 만큼만 거두는 것이 아니라, 더 많이 빼앗기도 했어요.
그래서 여리고 사람들은 삭개오를 싫어하고 저주했어요.

"저 욕심쟁이, 도둑놈!"
"로마 앞잡이 세리!" "지옥 불에 빠질 놈!"
삭개오는 많은 돈과 힘이 있었지만, 손가락질 받는 외톨이였어요.

어느 날 삭개오는 마을에서 소문을 들었어요.
"예수님이 오늘 우리 마을을 지나가신대."
"예수님은 가난하고 아프고 죄 많은 사람들과 더 가까이 하신대."
"그 바디매오가 예수님 만나서 눈을 떴다며?"
많은 사람들이 예수님을 만나려고 마을 큰 길로 모여들었어요.
삭개오도 그 길로 나갔지만, 키가 작은 삭개오는 자꾸만 뒤로 밀려났어요.
'예수님 얼굴이라도 꼭 한번 보고 싶어.
그런데 어쩌지… 옳지! 어른이라 좀 창피하지만,
저 돌무화과나무에 올라가서 보자.'

◉ 생각해 봐요!

삭개오의 간절한 마음을 보신 예수님은 삭개오의 이름을 불러주시고 삭개오의 집에 찾아가셨어요. 함께 식사를 나누며 그 마음을 치유해 주셨어요.
예수님을 만난 삭개오는 회개하고 거듭난 사람이 되었어요. 소유를 채우는 삶에서 소유를 내어 나누는 삶을 결단하고, 구원을 선포받은 사람이 되었어요. 예수님을 찾아왔지만 재물 때문에 근심하며 떠난 부자 관원과 다르게, 삭개오는 '바늘 귀를 통과한 부자'가 되었어요.

삭개오를 찾아서 구원하신 예수님은 지금도 집나간 아들, 잃어버린 양을 찾듯이 한 영혼을 찾고 계셔요. 누가 삭개오처럼 간절하게 예수님을 만나고 싶어할까요?

예수님을 만난 삭개오가 달라졌어요

예수님과 제자들이 마을 사람들의 환영을 받으며
천천히 걸어오고 있었어요. 그런데 예수님이
돌무화과나무 아래 딱 멈춰 서서, 나무 위를 바라보셨어요.
예수님은 구원받고 싶은 삭개오의 간절한 마음을 보셨어요.
"삭개오야, 어서 내려 오너라.
오늘은 내가 네 집에 가서 묵어야 하겠다."
'우와! 예수님이 나를 알아봐 주시다니!
우리 집에도 찾아 오신다니!'
삭개오는 아이처럼 기뻐하며 얼른 나무에서 내려왔어요.

삭개오가 예수님과 제자들을 집으로 모시고 가자,
사람들은 뒤에서 수군거렸어요.
"삭개오의 집에 가신다고? 하필이면 제일 죄인인 세리의 집에?"

삭개오는 정성껏 저녁 식사를 준비하여 행복한 식사 자리를 가졌어요.
예수님이 하시는 말씀도 귀 담아 들었어요.
식사 후에 삭개오가 예수님께 말씀드렸어요.
"예수님, 제가 가진 재산의 반을 가난한
사람들에게 나누어 주겠습니다. 그동안 제가 속이거나
빼앗은 것이 있으면 네 배로 갚겠습니다."
예수님이 삭개오와 가족들, 제자들을 둘러보며 말씀하셨어요.
"오늘 구원이 이 집에 임하였다. 이 사람도
아브라함의 자손이다. 내가 온 것은 잃어버린 사람들을
구원하려 함이다."

"인자가 온 것은 잃어버린 자를 찾아
구원하려 함이니라."
(누가복음 19:10)

1) 삭개오가 살던 마을 이름은 무엇인가요?

2) 예수님을 만나고 싶은 삭개오는 어떻게 행동했나요?

3) 예수님을 집으로 모신 후 삭개오는 어떤 결심을 말씀드렸나요?

4) 나는 하나님 나라의 행복과 예수님의 사랑을 잃어버리지 않고 잘 누리며
나누고 있나요?

컵케익 만들기

- 투명컵이나 병에 카스테라 조각을 깔고
  스푼으로 살짝 부수어요
- 생크림, 과일, 카스테라, 생크림 순으로 올려요
- 스프링클, 머랭 쿠키 등으로 꾸며요
  (미니케익 위에 생크림과 과일,
  스프링클, 쿠키 등으로 꾸며도 좋아요)

부록

말씀을 새겨요…
교사와 부모를 위한 예시

1

베들레헴에서 태어난
예수님

2

나사렛에서 자란
예수님

3

세례를 받으신
예수님

4

시험을 이기신
예수님

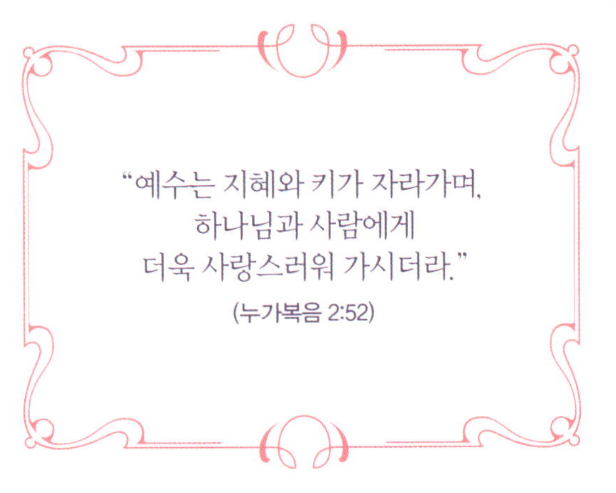

"예수는 지혜와 키가 자라가며,
하나님과 사람에게
더욱 사랑스러워 가시더라."
(누가복음 2:52)

1) 나사렛

2) 목수

3) 유월절

4) 어린이의 고백으로…

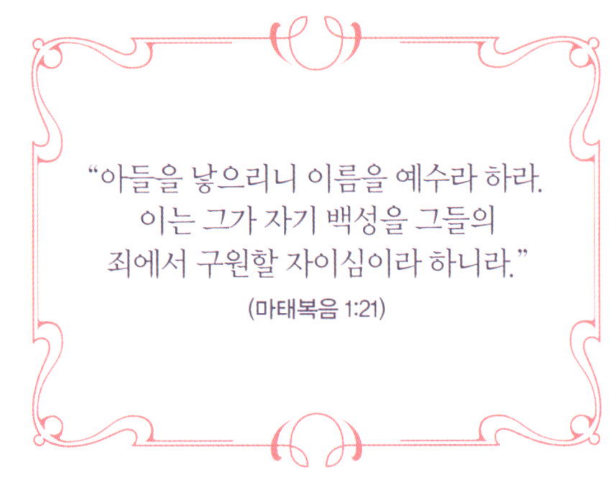

"아들을 낳으리니 이름을 예수라 하라.
이는 그가 자기 백성을 그들의
죄에서 구원할 자이심이라 하니라."
(마태복음 1:21)

1) 베들레헴 마굿간

2) 베들레헴 목자들

3) 황금, 유향, 몰약

4) 시므온, 안나

5) 어린이의 고백으로…

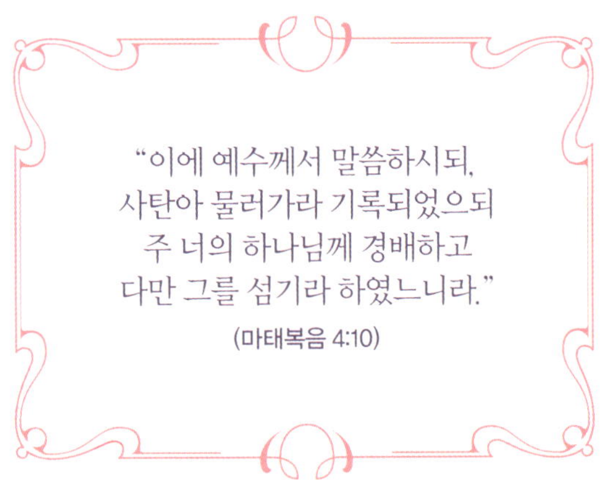

"이에 예수께서 말씀하시되,
사탄아 물러가라 기록되었으되
주 너의 하나님께 경배하고
다만 그를 섬기라 하였느니라."
(마태복음 4:10)

1) 사탄

2) 돌로 떡을 만들어라/
높은 곳에서 뛰어내리라/
사탄에게 절하여라

3) 기도와 말씀으로

4) 어린이의 경험과 고백으로…

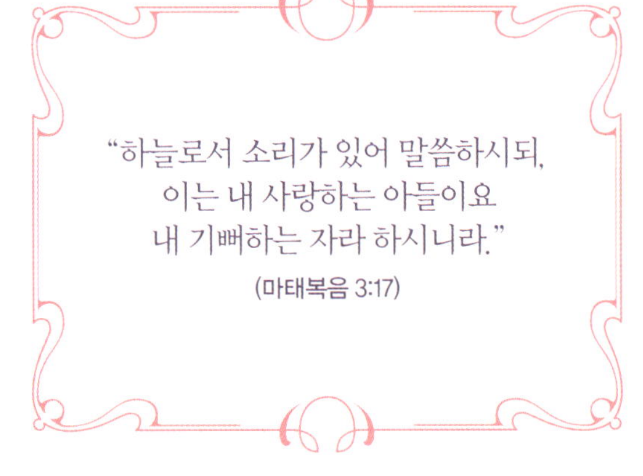

"하늘로서 소리가 있어 말씀하시되,
이는 내 사랑하는 아들이요
내 기뻐하는 자라 하시니라."
(마태복음 3:17)

1) 요한에게 세례를 받으심

2) 비둘기

3) 이는 내 사랑하는 아들이요
내 기뻐하는 자라

4) 유아세례와 입교, 세례에 대해 가르쳐주고,
어린이가 유아세례자인지
세례대상자인지 확인해주기

5

제자를 부르신
예수님

6

하나님나라를
가르치신 예수님

7

물로 포도주를 만드신
예수님

8

아픈 사람을 고쳐주신
예수님

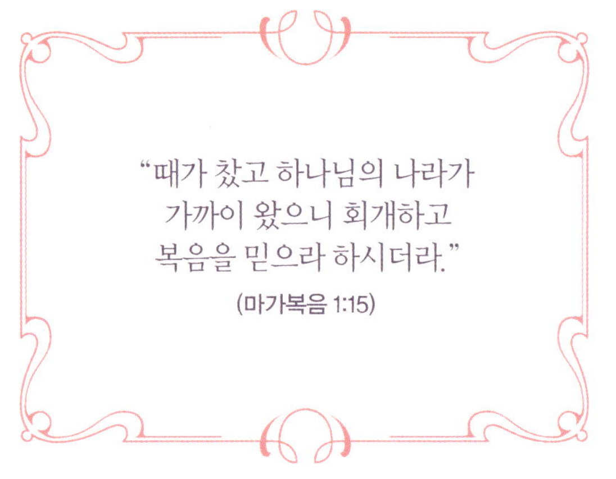

"때가 찼고 하나님의 나라가
가까이 왔으니 회개하고
복음을 믿으라 하시더라."

(마가복음 1:15)

1) 하나님

2) 너희(우리) 안에

3) 어린아이 같은 사람을 섬기는 사람

4) 하나님 아버지를 순수하고 온전한 믿음으로 섬기는 사람이 되어야 한다

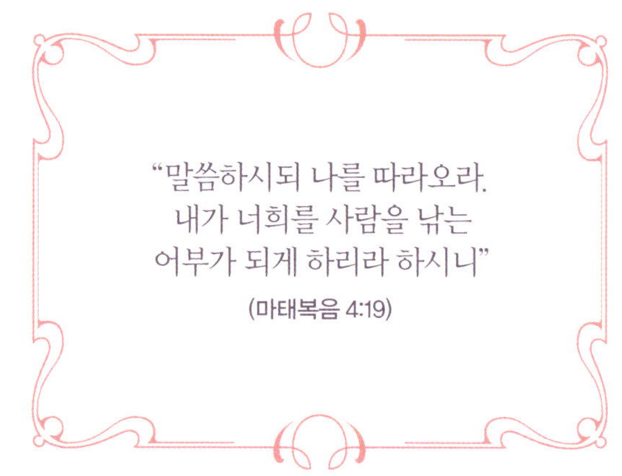

"말씀하시되 나를 따라오라.
내가 너희를 사람을 낚는
어부가 되게 하리라 하시니"

(마태복음 4:19)

1) 베드로, 안드레, 야고보, 요한, 빌립, 바돌로매(나다나엘), 도마, 마태, 알패오의 아들 야고보, 시몬, 다대오, 가룟 유다

2) 사람을 낚는 어부

3) 세리

4) 어린이의 고백으로…

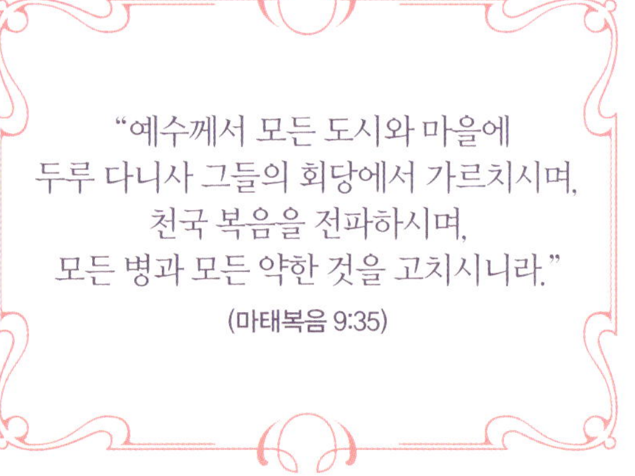

"예수께서 모든 도시와 마을에
두루 다니사 그들의 회당에서 가르치시며,
천국 복음을 전파하시며,
모든 병과 모든 약한 것을 고치시니라."

(마태복음 9:35)

1) 네 친구들

2) 믿음

3) 하나님 나라

4) 어린이의 고백으로…

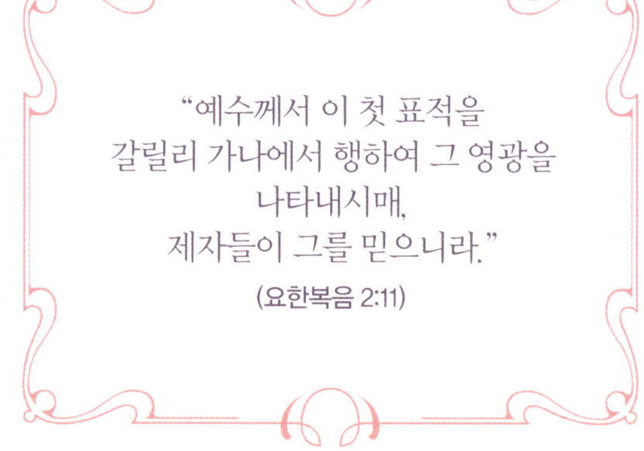

"예수께서 이 첫 표적을
갈릴리 가나에서 행하여 그 영광을
나타내시매,
제자들이 그를 믿으니라."

(요한복음 2:11)

1) 가나

2) 6개

3) 순종하는 믿음

4) 어린이의 고백으로…

9

바다를 잔잔하게 하신 예수님

10

귀신을 쫓아내신 예수님

11

다시 살리신 예수님

12

향유를 받으신 예수님

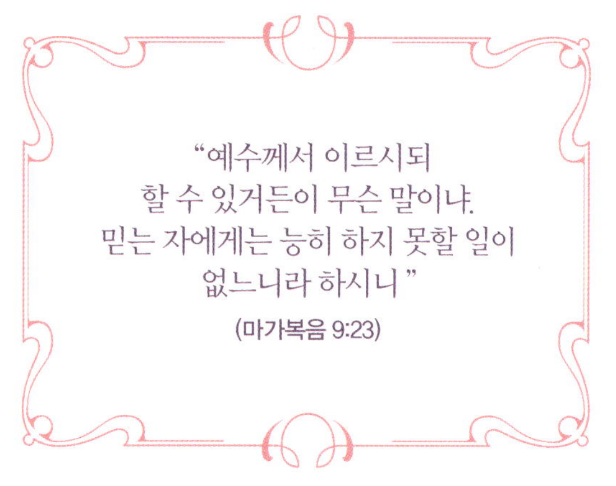

1) 군대 귀신

2) 들판의 돼지떼에 들어가게 하심.
돼지떼는 바다에 빠져 죽음

3) 말 못하고 못들음,
넘어지고 물과 불에 들어감

4) 기도로 예수님의 도우심을 구함으로

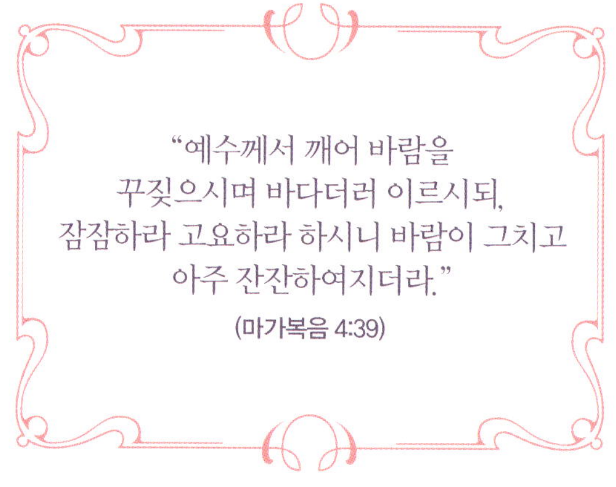

1) 갈릴리 바다

2) 주무셨다

3) 베드로

4) 예수님이 세상의 주인이시기 때문에
예수님이 하나님이시기 때문에

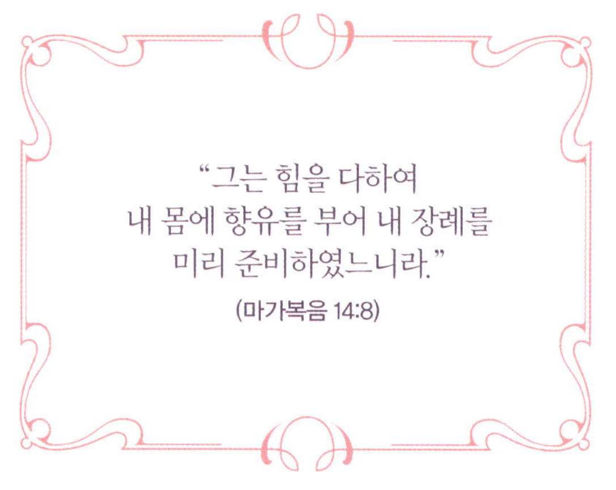

1) 베다니

2) 나사로의 동생 마리아

3) 가룟 유다

4) 예수님의 장례를 준비함

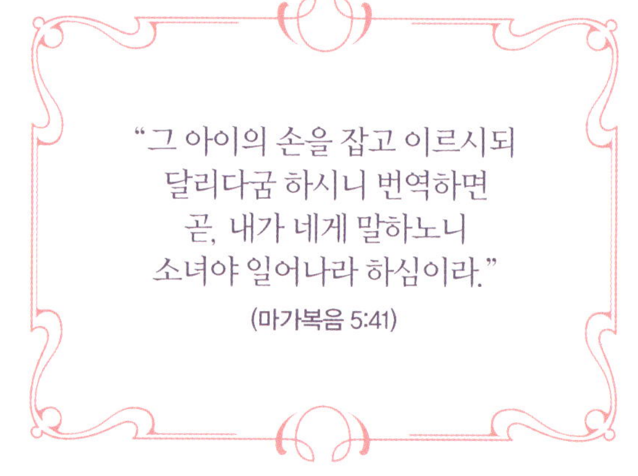

1) 예수님이 병을 낫게 해주실 것을 믿고

2) 달리다굼 (일어나라)

3) 과부의 청년 아들

4) 어린이의 경험으로…

13

하늘로 올라 가신
예수님

14

예루살렘에 들어가신
예수님

15

성전을 깨끗하게 하신
예수님

16

발을 씻어 주신
예수님

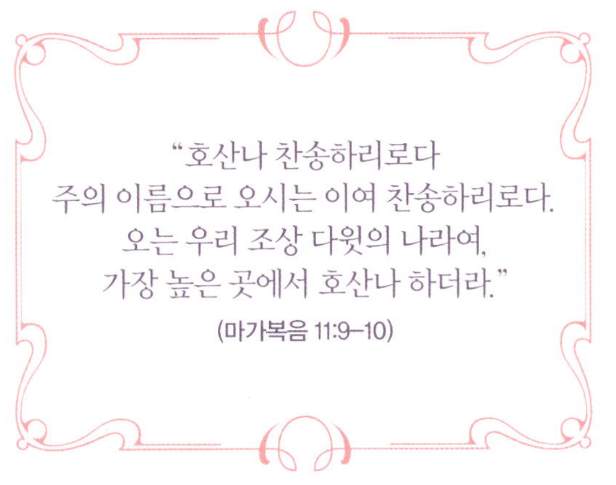

"호산나 찬송하리로다
주의 이름으로 오시는 이여 찬송하리로다.
오는 우리 조상 다윗의 나라여,
가장 높은 곳에서 호산나 하더라."

(마가복음 11:9–10)

1) 유월절

2) 새끼 나귀

3) 종려나무

4) 호산나 – 이제 우리를 구원하소서

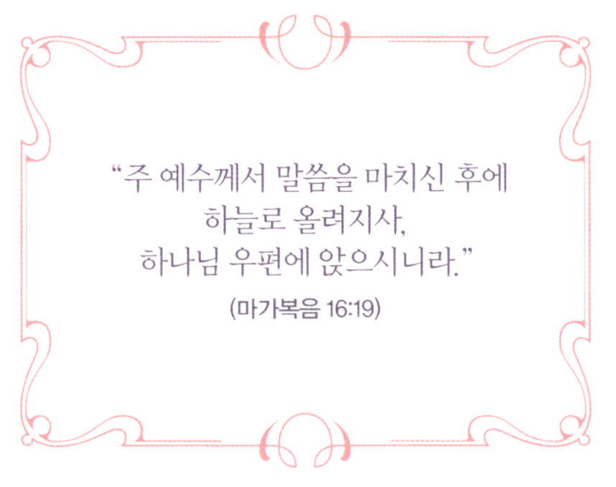

"주 예수께서 말씀을 마치신 후에
하늘로 올려지사,
하나님 우편에 앉으시니라."

(마가복음 16:19)

1) 베드로, 야고보와 요한, 도마, 나다나엘과
다른 두 제자(7명)

2) 네가 나를 사랑하느냐? 내 양을 먹이라
(3번 반복)

3) 감람산

4) 성령을 받기까지 기다려라
성령을 받으면 내 증인이 되어라
항상 함께 하겠다

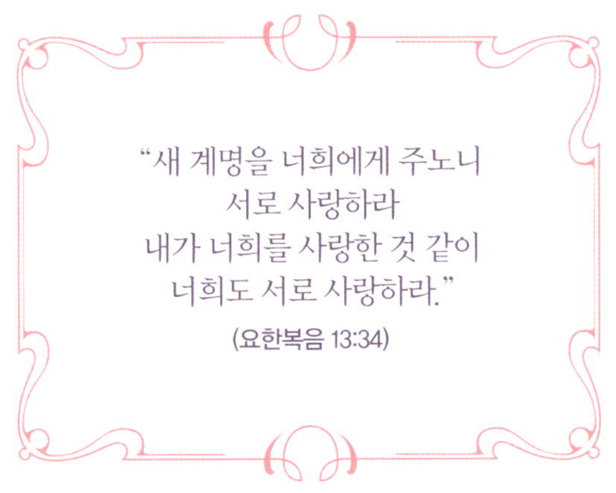

"새 계명을 너희에게 주노니
서로 사랑하라
내가 너희를 사랑한 것 같이
너희도 서로 사랑하라."

(요한복음 13:34)

1) 제자들의 발을 씻어 주셨다

2) 베드로

3) 서로 사랑하라

4) 다른 사람을 섬기는 사랑의 지도자

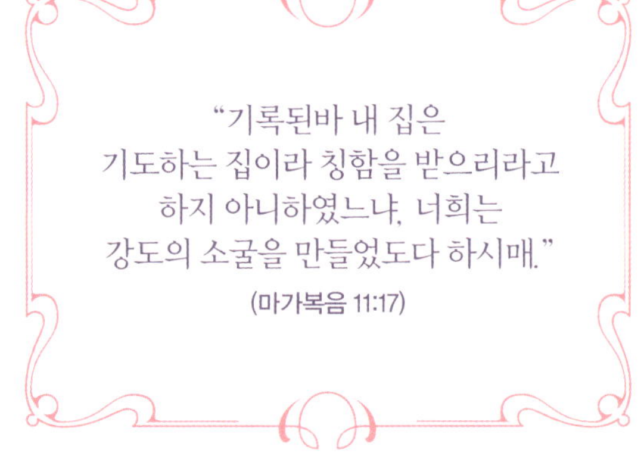

"기록된바 내 집은
기도하는 집이라 칭함을 받으리라고
하지 아니하였느냐. 너희는
강도의 소굴을 만들었도다 하시매."

(마가복음 11:17)

1) 열매가 없어서

2) 장사꾼들이 소란스러워서

3) 내 집은 기도하는 집인데, 너희는 강도의
소굴을 만들었다

4) 어린이의 고백으로…

17

마지막 식사를 나누신
예수님

18

겟세마네에서
기도하신 예수님

19

십자가에서 죽으신
예수님

20

부활하신 예수님

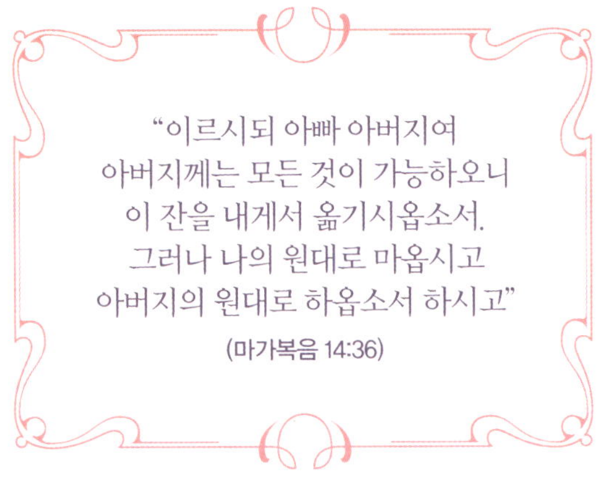

"이르시되 아빠 아버지여
아버지께는 모든 것이 가능하오니
이 잔을 내게서 옮기시옵소서.
그러나 나의 원대로 마옵시고
아버지의 원대로 하옵소서 하시고"
(마가복음 14:36)

1) 감람산 겟세마네

2) 베드로, 야고보, 요한

3) 배신-가룟 유다, 부인-베드로

4) 원하는 것을 구하되 하나님의 뜻에
순종하는 힘을 얻기 위한 기도, 간절한 기도

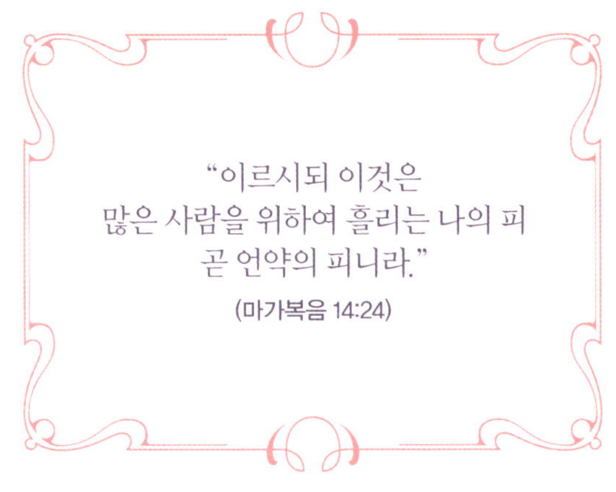

"이르시되 이것은
많은 사람을 위하여 흘리는 나의 피
곧 언약의 피니라."
(마가복음 14:24)

1) 유월절

2) 양고기, 누룩없는 떡(무교병), 쓴나물

3) 닭이 두 번 울기전에 세 번 부인할 것

4) 떡은 예수님의 몸,
포도주는 예수님의 피

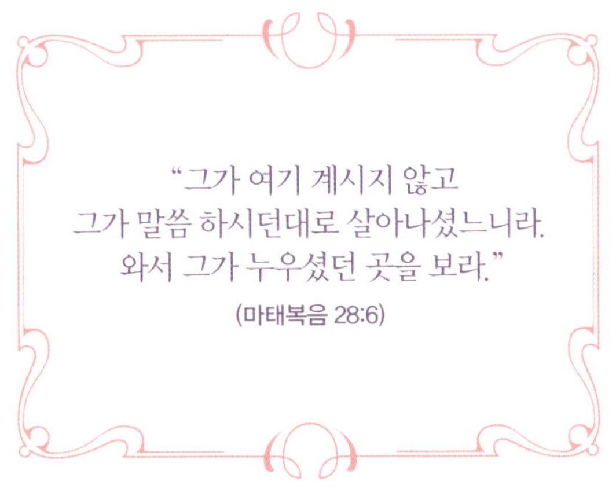

"그가 여기 계시지 않고
그가 말씀 하시던대로 살아나셨느니라.
와서 그가 누우셨던 곳을 보라."
(마태복음 28:6)

1) 막달라 마리아, 야고보의 어머니 마리아,
살로메 (복음서마다 조금씩 다름)

2) ① 아리마대 요셉 ② 막달라 마리아
③ 베드로, 요한 ④ 글로바와 다른 제자
⑤ 도마

3) 예수님을 분명히 만나기 전에는 잘 믿지
못함. 어린이의 고백으로 나누기

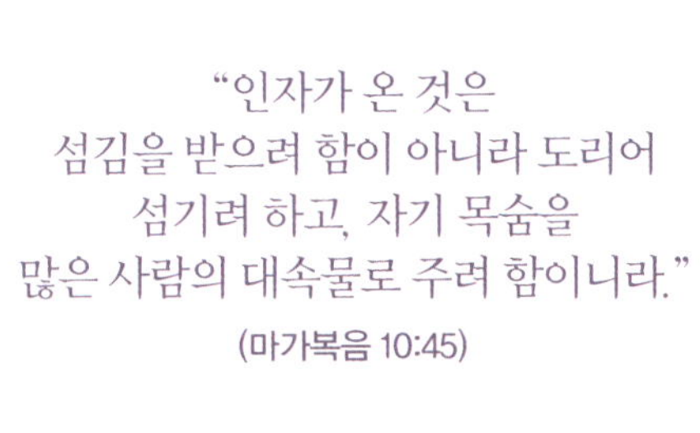

"인자가 온 것은
섬김을 받으려 함이 아니라 도리어
섬기려 하고, 자기 목숨을
많은 사람의 대속물로 주려 함이니라."
(마가복음 10:45)

1) 빌라도

2) 골고다

3) 이 사람은 진실로 하나님의 아들이셨다

4) ①아버지 저들을 사하여 주옵소서
자기들이 하는 것을 알지 못함이니이다
②내가 진실로 네게 이르노니 오늘 네가
나와 함께 낙원에 있으리라 ③여자여
보소서 아들이니이다, 보라 네 어머니라
④엘리 엘리 라마 사박다니
⑤내가 목마르다 ⑥다 이루었다 ⑦아버지
내 영혼을 아버지 손에 부탁하나이다

21

니고데모

22

수가성
사마리아 여인

23

베데스다 병자

24

바디매오와
실로암 맹인

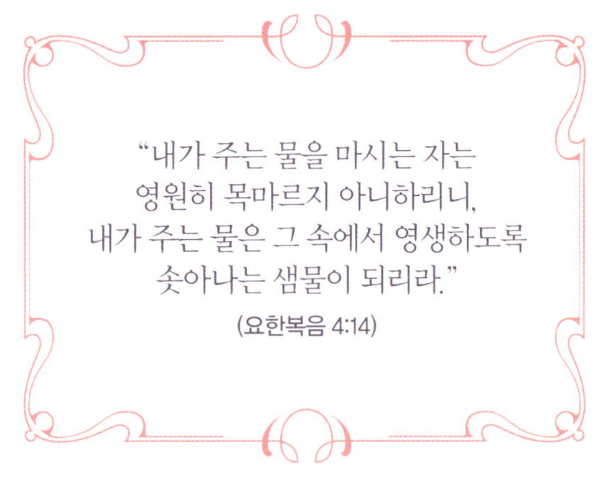

"내가 주는 물을 마시는 자는
영원히 목마르지 아니하리니,
내가 주는 물은 그 속에서 영생하도록
솟아나는 샘물이 되리라."
(요한복음 4:14)

1) 수가성 우물가

2) 속에서 솟아나 영원히 목마르지 않는 물

3) 물동이를 버려두고 마을로 가서 알렸다

4) 어린이의 고백으로…

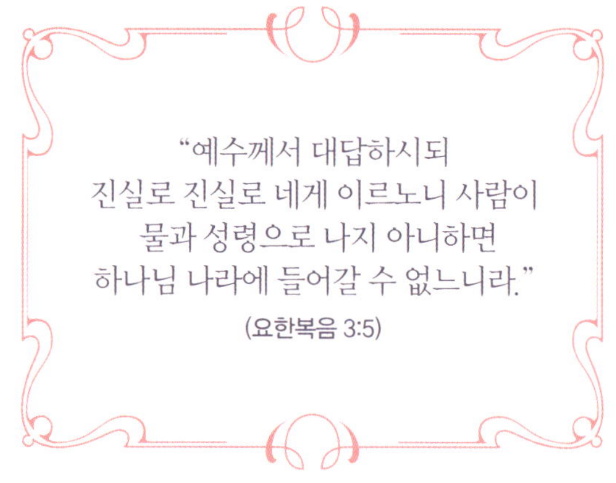

"예수께서 대답하시되
진실로 진실로 네게 이르노니 사람이
물과 성령으로 나지 아니하면
하나님 나라에 들어갈 수 없느니라."
(요한복음 3:5)

1) 공회원이며 바리새인 니고데모

2) 물과 성령으로 거듭난 사람

3) 장대에 메단 놋뱀을 바라본 사람

4) 하나님이 세상을 사랑하사 독생자
예수님을 보내셔서 그를 믿는 자마다
영생을 얻게하려 하심 (요3:16)

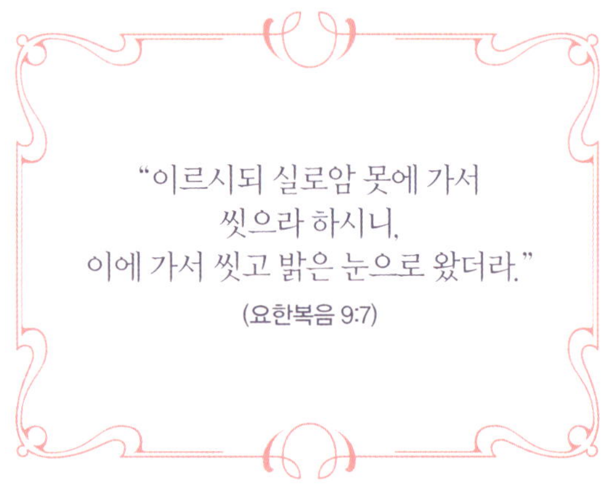

"이르시되 실로암 못에 가서
씻으라 하시니,
이에 가서 씻고 밝은 눈으로 왔더라."
(요한복음 9:7)

1) ○ × × ○ ○

2) 바디매오

3) 실로암 (보냄을 받았다)

4) 몸의 눈을 뜨게 되는 것 뿐 아니라
마음과 영의 눈을 떠서 하나님을 보게함

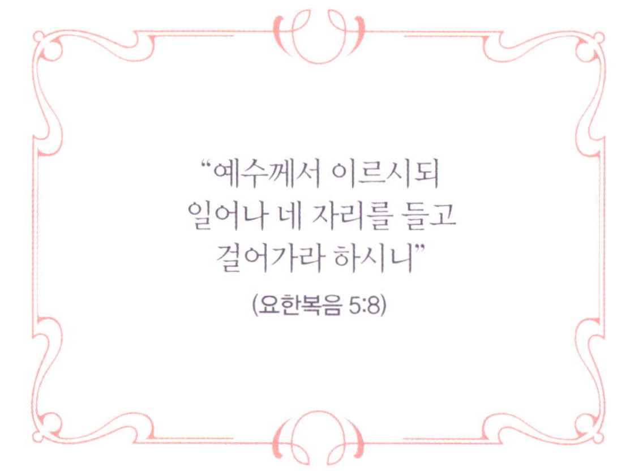

"예수께서 이르시되
일어나 네 자리를 들고
걸어가라 하시니"
(요한복음 5:8)

1) 물이 움직일 때 제일 먼저 들어가는
사람의 병이 낫는다는 기적 때문에

2) 네가 낫고자 하느냐

3) 일어나 네 자리를 들고 걸어가라

4) 안식일에 병을 고쳤다며 비난함
사람보다 율법이 더 중요한 사람들.

25

삭개오

사도신경

십계명

주기도문

나는 전능하신 아버지 하나님,
천지의 창조주를 믿습니다.
나는 그의 유일하신 아들,
우리 주 예수 그리스도를 믿습니다.
그는 성령으로 잉태되어 동정녀
마리아에게서 나시고, 본디오 빌라도에게
고난을 받아 십자가에 못 박혀 죽으시고,
장사된 지 사흘 만에 죽은 자 가운데서
다시 살아나셨으며, 하늘에 오르시어
전능하신 아버지 하나님 우편에 앉아
계시다가, 거기로부터 살아 있는 자와
죽은 자를 심판하러 오십니다.
나는 성령을 믿으며, 거룩한 공교회와 성도의
교제와 죄를 용서받는 것과 몸의 부활과
영생을 믿습니다. 아멘.

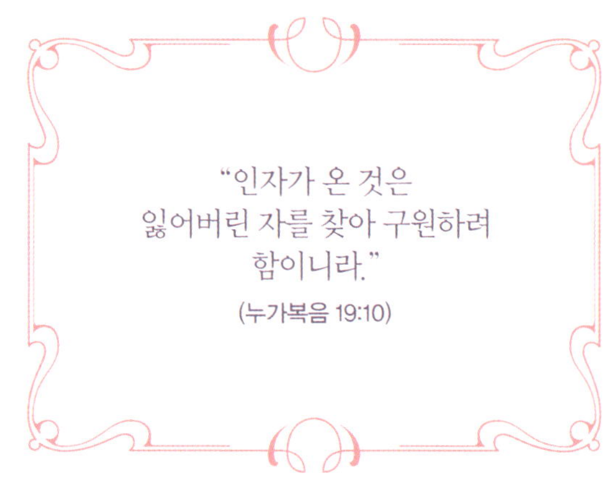

1) 여리고

2) 돌무화과나무에 올라갔다

3) 재산의 반을 가난한 사람에게 나누어주고,
빼앗은 것이 있으면 네 배로 갚겠다고
약속했다

4) 어린이의 고백으로…

하늘에 계신 우리 아버지.
아버지의 이름을 거룩하게 하시며,
아버지의 나라가 오게 하시며,
아버지의 뜻이 하늘에서와 같이 땅에서도
이루어지게 하소서.
오늘 우리에게 일용할 양식을 주시고,
우리가 우리에게 잘못한 사람을
용서하여 준 것 같이
우리 죄를 용서하여 주시고,
우리를 시험에 빠지지 않게 하시고,
악에서 구하소서.
나라와 권능과 영광이
영원히 아버지의 것입니다. 아멘

(마태복음 6:9-13)

1. 너는 나 외에는 다른 신들을
네게 두지 말라.
2. 너를 위하여 새긴 우상을 만들지 말고….
어떤 형상도 만들지 말며, 그것들에게
절하지 말며, 그것들을 섬기지 말라.
3. 너는 네 하나님 여호와의 이름을
망령되게 부르지 말라.
4. 안식일을 기억하여 거룩하게 지키라.
5. 네 부모를 공경하라.
6. 살인하지 말라.
7. 간음하지 말라.
8. 도둑질하지 말라.
9. 네 이웃에 대하여 거짓 증거하지 말라.
10. 네 이웃의 집을 탐내지 말라.

(출애굽기 20:3-17)

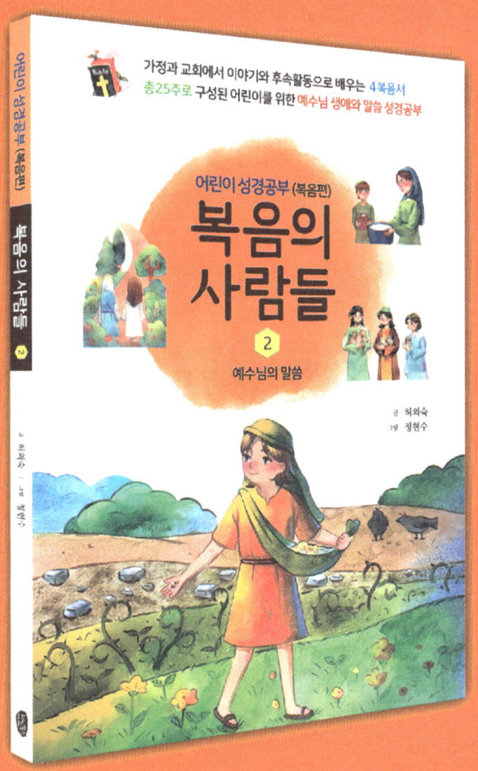

가정과 교회에서
이야기와 후속활동으로
배우는 4복음서
총25주로 구성된 어린이를 위한
예수님 생애와 말씀 성경공부

글 · 허외숙
그림 · 정현수

어린이 성경공부 (복음편)

복음의 사람들

2

●예수님은 어떤 분이실까요?

세상의 빛 예수님, 생명의 떡 예수님, 구원의 문, 선한 목자 예수님
부활 생명 예수님, 길과 진리 예수님, 포도나무 예수님

●예수님이 산에서 말씀하셨어요

복있는 사람이 되어라, 온전한 계명을 지켜라, 이렇게 기도하여라
염려하지 말아라, 비판하지 말아라, 반석 위의 믿음을 가져라

●예수님이 비유로 가르쳐 주셨어요

선한 사마리아 사람, 돌아온 아들, 부자와 나사로, 씨 부리는 농부
겨자씨와 누룩, 감추인 보물과 값진 진주, 빚진 자, 포도원의 품꾼들
혼인잔치를 베푼 임금, 열 처녀, 달란트를 받은 종들, 양과 염소, 알곡과 가라지

어린이 성경공부 (복음편)

복음의 사람들 1

발행일	2025년 8월 1일 초판 1쇄
글	허외숙
그림	정현수
편집디자인	사사연 B&D
기획마케팅	이정호
발행인	이재민
발행처	리빙북스
등록번호	109-14-79437
주소	서울시 강서구 곰달래로 31길 7 동일빌딩 2층
전화	(02) 2608-8289
팩스	(02) 2608-8265
이메일	macdesigner@naver.com
홈페이지	www.livingbooks.co.kr

ISBN 979-11-87568-38-4 73230

리빙북스는 좋은 책만을 만드는 집으로, 출판에 뜻이 있는 분들의 소중한 원고를 기다립니다.